DE LOS CUERPOS TRAVESTIS A LOS CUERPOS ZOMBIS

La carne como figura de la historia

Alicia Montes

DE LOS CUERPOS TRAVESTIS A LOS CUERPOS ZOMBIS

La carne como figura de la historia

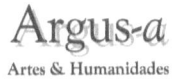
Artes & Humanidades

Argus-*a*
Artes y Humanidades / Arts and Humanities
Buenos Aires - Los Ángeles
2017

DE LOS CUERPOS TRAVESTIS A LOS CUERPOS ZOMBIS[1]

La carne como figura de la historia

ISBN 978-1-944508-10-4

Diseño de tapa: *Oxímoron*, gentileza Emilia Faisal

© 2017 Alicia Montes

All rights reserved. This book or any portion thereof may not be reproduced or used in any manner whatsoever without the express written permission of the publisher except for the use of brief quotations in a book review or scholarly journal.

Editorial Argus-*a*
16944 Colchester Way,
Hacienda Heights, California 91745
U.S.A.

Calle 77 No. 1976 – Dto. C
1650 San Martín – Buenos Aires
ARGENTINA
argus.a.org@gmail.com

---

[1] La investigación se ha llevado a cabo en el marco del Programa Postdoctoral en Ciencias Humanas y Sociales de la Facultad de Filosofía y Letras, Universidad de Buenos Aires, bajo la dirección de la Dra. Susana Cella, en el marco de un proyecto de investigación del Dr. Marcelo Topuzian.

Si el dinero viene al mundo con una mancha de sangre congénita en cada mejilla, el Capital lo hace chorreando de la cabeza a los pies, por cada uno de sus poros, sangre y suciedad.

Karl Marx

La ley `natural´ de la supervivencia de los más aptos es, pues, una ley histórica, y puede ser utilizada tanto por el racismo como por la ley marxista de las clases más progresistas.

Hanna Arendt

A los estudiantes de la carrera de Letras, Fisolofía y Letras de la Universidad de Buenos Aires, que participaron en el seminario de grado "Cuerpo y violencia en las artes y la literatura" dictado en el año 2016, porque con sus aportes y sus cuestionamientos enriquecieron esta investigación.

A Luca y Benjamín porque en ellos veo el futuro.

A Susana Cella y Marcelo Topuzian por su presencia en estas páginas.

INDICE

- Introducción. — *i-vi*
- El cuerpo entre la utopía y la reificación — 1
- La tragicomedia de la carne trémula y deseante: entre la falta y el excedente. — 17
    - Cuerpos infectados y tanatopolítica. — 41
    - Voces y cuerpos. — 47
- Cuerpos desechables: la carne como estigma de contaminación e inhumanidad. — 53
    - El bokor y la explotación: mito y política. — 71
    - Los hijos del capitalismo darwinista. — 75
    - Desvíos, contrarrelatos y transgresiones locales: zombis argentinos — 89
    - El regreso de la plaga zombi: apuntes sobre un reciclaje inestable y político — 107
- Conclusión: — 125
    - I. Mitologías del cuerpo. — 125
    - II. El cuerpo travesti-zombi como figura de la historia. — 128
- Bibliografía — 141

Introducción

> "...el cuerpo es hoy la sede de la metamorfosis de los tiempos nuevos. De la demiurgia genética a las armas bacteriológicas, del tratamiento de las epidemias modernas a las nuevas formas de dominación en el trabajo, del sistema de la moda a los nuevos modos de nutrición, de la glorificación de los cánones corporales a las bombas humanas, de la liberación sexual a las nuevas alienaciones."
>
> *Jacques Le Goff & Nicolás Truong*

La materialidad corporal es un espacio privilegiado de "pensatividad"; habilita la posibilidad de un pensamiento no pensado, un pensamiento que no puede asignarse a una intencionalidad pero que hace efecto sobre aquel que la percibe ya que designa "un estado indeterminado ente lo activo y lo pasivo" (Rancière 2008:105). Por esta razón, la *carne* que constituye la corporeidad, y en la que se inscribe la figura del tiempo histórico, tiene un lugar protagónico en las paradójicas presentaciones de lxs cuerpos travestis y zombis característicos de la literatura, las artes plásticas, el cine, los videos, las historietas y los telefilms, entre otras manifestaciones de la cultura contemporánea. Estos cuerpos hacen visibles, a modo de quiasmo, diversos regímenes de sensorialidad y ese entramado artístico paradójico se puede articular con los efectos de las políticas actuales *sobre* la vida, sus modos violentos de construir subjetividad, sus operaciones de disciplinamiento de lo diferente y de aniquilación de la otredad; pero, también, con la materialización de un espacio de resistencia y revuelta contra esas mismas políticas, en nombre de la pluralidad de la vida y de los derechos de la diferencia.

La imagen del cuerpo, el lugar donde el hombre se piensa en Occidente, ha sido y es concebida como copia conforme o no conforme respecto de un modelo ideal postulado como trascendente y universal (Schaeffer 2012). El paradigma del modelo, que mediatiza las relaciones entre el ideal abstracto y la percepción de la materia corporal, ha hecho que el individuo moderno concibiera la corporeidad que lo constituye como objeto de propiedad (Le Breton); como pura abyección (Kristeva), o materia plástica sometida al diseño social y/o individual (Groys 2014; Vigarello 2004; Sibilia); como sujeto dócil, disciplinado y conformado de acuerdo a la normatividad biopolítica (Foucault 1976 y 1999; Vigarello 2001); como resto destinado a la eliminación por la sociedad inmunitaria (Esposito 2004), o a la colonización por parte de una voluntad soberana que lo convierte en cuerpo inerme, en el que la violencia escribe su mensaje (Cavarero; Segato 2003).

En la evanescente opacidad de la carne puede leerse un relato sobre las relaciones entre el cuerpo individual y el cuerpo social, pero, también, sobre la forma del futuro que es posible imaginar a partir de este presente encapsulado en el cuerpo de un mundo constituido como totalidad antinómica sin afuera (Espósito 2004). En este sentido, la figura doble que traza el entrecruzamiento de los cuerpos travestis y zombis, constituye una carnalidad compleja que tiene forma de oxímoron, y cuestiona los imaginarios hegemónicos, centrados en la ilusión de la autorrealización del sujeto a través de la historia, metaforizados en la promesa futura del niño, telos del orden social que debería salvaguardarse y reproducirse en tanto certeza de un significado final (Edelman).

El individuo ha naturalizado su ser-en-el-mundo material y solo percibe la condición finita de la corporalidad, el relieve de su fatalidad carnal, ajena a todo modelo ideal, cuando la cotidianeidad de su existir se quiebra por la violencia física, la enfermedad, la muerte, la anomalía, el dolor, la angustia, la vejez, la falta, en suma. El resto del tiempo obra y vive como si el cuerpo, la precariedad que lo caracteriza y sus límites no existieran. Ocurre de igual manera con el cuerpo del mundo y de la sociedad, solo se percibe su extrañeza cuando algo se quiebra, y esta falla permite desarmar los lugares comunes y los relatos naturalizados que escamotean el perfil siniestro y cruel de la existencia social y sus contradicciones.

A lo largo de la Modernidad, la concepción individualista que llevó a pensar la corporeidad humana como un todo cerrado, limitado férreamente por la piel, hizo que la idea de un cuerpo abierto e impropio solo se pudiera concebir como efecto de la violencia exterior: el cadáver desollado por los anatomistas; el castigo soberano que descuartiza y tortura la carne; el atentado terrorista que hace estallar en mil fragmentos el cuerpo, o la obscena cosificación que produce el espectáculo de la pornografía al separar los órganos del cuerpo y ponerlos en primer plano. En estos casos, la carne desgarrada, obligada a hablar el discurso del otro y, por eso, silenciada, se convierte en página en blanco en la que se escribe el dominio y la crueldad de un régimen escópico que la vuelve una cosa más entre las cosas, o el escenario de un espectáculo que la reduce a pura animalidad. Así, en sus heridas y en sus tajos, exhibe y ofrece a la mirada objetivante lo que guardaba como un secreto encerrado debajo de la piel: la sangre, los órganos, las excrecencias, o la desnudez inerme de su materialidad palpitante.

Ahora bien, desde la perspectiva que habilitan los enfoques teóricos que propone esta investigación, se hace posible pensar que, en el campo naturalizado de la subjetividad contemporánea, el orden binario falogocéntrico, regulado por el principio trascendente de la inmunidad y el paradigma del modelo, algo material emerge y se rebela en las producciones artísticas, audiovisuales y literarias contemporáneas reclamando un espacio en el pensamiento como figura del presente: *la carne*. En este contexto, el objetivo central que se plantea esta investigación es explorar en el corpus de trabajo, pensado como una red abierta y contradictoria, qué sabe sin saber sobre el presente y cómo figura el tiempo histórico en su mudez la carne, tal como se materializa en las imágenes de lxs travestis y lxs zombis.

La reflexión que se llevará a cabo tiene su punto de partida en el campo poroso y transdisciplinar de la teoría que toma prácticas y saberes de otros campos para volver extraño lo familiar (Culler 14-15), y extiende sus fronteras a través del diálogo con los estudios sobre historia del cuerpo y la belleza de Georges Vigarello (2004; 2005); los trabajos de antropología corporal de David Le Breton (1990; 2002) y el grupo de investigadores coordinado por Silvia Citro (2009, 2010); las teorizaciones sobre ideología de Slavoj Zizek (1994), estética y política de Jacques Rancière (1996, 1998,2001, 2004, 2007, 2008, 2012) y Jean Marie Schaeffer (2012); sobre poética y arte contemporáneo de Boris Groys (2008, 2014); y los escritos sobre anomalías, tecnologías del cuerpo, disciplinamiento, y biopolítica, de Michel Foucault (1976; 1990; 1999; 2003), a los que se agregan los desarrollos sobre el paradigma inmunitario de Roberto Esposito (1998; 2004; 2011), los análisis sobre el horrorismo contemporáneo de A. Cavarero, y el lenguaje de la violencia de Rita Segato (2003, 2013); los conceptos de abyección de Julia Kristeva y extimidad de Jacques A Miller; y los trabajos sobre performatividad de género, nomadismo *trans* y futuro reproductivo de las teorías *Queer* (Butler, 1999, 2002, y 2009, Edelman, Maffía, Pecheny, Preciado).

Los trayectos que la investigación abre parten de la idea de que el cuerpo ha sido históricamente construido, sobre todo a partir de la modernidad, como una materialidad dual, ambivalente y evasiva que, en su carnalidad opaca, puede ser leída como figura en la que se cifra el presente y el futuro. A partir de este punto de partida, se pretende demostrar:

a) que los cuerpos plurales y proteicos de lxs travestis y lxs zombis organizan una narrativa inestable que atraviesa los campos artísticos y no solo hace visible de manera extrema la concepción paradójica de lo humano que les da consistencia sino, en tanto sinécdoque de la sociedad, en qué términos se puede pensar hoy la relación entre la violencia inmunitaria y la carne;

b) que el quiasmo que se organiza entre las figuraciones de lxs travestis y de lxs zombis pone en cuestión las formas del futuro imaginables en el presente, y torna evidentes los puntos ciegos del pensamiento hegemónico del consenso identitario, al destotalizar los imaginarios que ha naturalizado en torno al *otro*, para justificar su exclusión como sujeto de derecho y reducir su vida al valor de nada.

En este sentido, Zygmunt Bauman (23-24) destaca la importancia del relato ficcional que se propone para explicar, a manera de mito etiológico, el nacimiento de la comunidad a partir de una imaginaria época pre-social en la que predominaba la violencia extrema entre los hombres. Señala que esa leyenda pone al descubierto el fundamento de un fenómeno actual que nace y renace constantemente. El relato primordial determina que cuando la guerra divide a la sociedad y no le permite cohesionarse, reina la sospecha mutua y la desconfianza entre los hombres. Entonces, la única forma de recuperar la existencia comunitaria y la solidaridad es la elección de un enemigo común y la unión de las fuerzas *a través de un acto de atrocidad colectiva*. Solo una comunidad de cómplices en el crimen permite que una atrocidad colectiva no sea llamada crimen, y sea castigada como tal. Por eso, la sociedad no tolera a quien se niega a unirse a ese crimen cometido, porque esa negativa pone en duda la justicia y la legitimidad del acto, los vuelve horrorosos.

Así, a través del entramado de una red de materiales artísticos literarios y audiovisuales articulados por las categorías foucaultianas de cuerpo utópico y heterotopía (1994), y el concepto de inmunidad (Espósito, 2002, 2004) en el que se relacionan biopolítica y tanatopolítica, la corporalidad frankesteriana de lxs travestis, atravesada por la potencia del deseo y el rechazo de todo binarismo; y el cuerpo putrefacto de lxs zombis, punto de fuga de una pulsión antropofágica desaforada y de una materialidad que se sustrae a toda productividad, serán considerados centro de una narrativa ambivalente en torno a la carne, que toma la forma de un quiasmo sin adentro y sin afuera. En efecto, la antítesis aparente que hay entre lxs travestis, que dan forma a su cuerpo como materialización del deseo y un proyecto identitario-desidentitario nómade, que pone en crisis la normatividad de sexo y de género naturalizada; y lxs zombis, que hacen ostensible su condición de existencia cruda y resto material en proceso de putrefacción, en el que aún se mantiene la diferencia varón/mujer, se deconstruye a través de los pasajes y tensiones que se constituyen en el corpus seleccionado.

Hay algo excesivo, marginalizado, no simbolizable, en los imaginarios del individuo y la sociedad actual que retorna en la forma de esos cuerpos como carnalidad peligrosa, degenerada, contagiosa, ajena. Así, ese resto negado solo se hace legible, para el todo social que lo expulsa fuera de sí, a través de la figura de la anomalía individual, o de la multitud monstruosa, informe, amenazante e innumerable. La literatura y las producciones audiovisuales contemporáneas, en el recorte que opera el corpus de trabajo, construyen y deconstruyen esos imaginarios sociales, y el binarismo *yo/otro* que los soporta, al colocar en el centro la materialidad de lxs cuerpos travestis y zombis, que se vuelven visibles y pensables a través del dispositivo artístico, en su condición de significantes flotantes, relacionales y tensionados por el disenso.

A través de ellos, se pueden leer los sentidos de la violencia creciente en la sociedad contemporánea, que se manifiesta tanto a nivel local como global. Estos cuerpos producidos culturalmente como peligrosos por su carácter anómalo son la metonimia de la imposibilidad actual para encontrar un modo de construir una comunidad donde se proteja la vida haciendo valer sus derechos y poniendo en el centro la igualdad de todos en su diferencia singular. Por el contrario, hoy, lo único que parece cohesionar a los seres humanos es la delimitación de fronteras férreas con respecto a un afuera que se vive como amenazante. Por ello, el odio, la sospecha y el miedo se inscriben en los cuerpos de los otros para negar su humanidad y el valor de sus vidas, que parecen no merecer ser ni cuidadas ni lloradas (Butler 2009; Bauman).

El cuerpo entre la utopía y la reificación

> "... el sujeto no es más que lo que él cede o sacrifica y esto es tan radical que imagina que puede huir. No es solamente un sujeto que descubre que se reduce a lo que él sacrifica de sí mismo -y esto no es menos verdadero- sino también del Otro".
>
> *Jacques A. Miller*

Las figuraciones del cuerpo travesti y del cuerpo zombi, tal como se presentan en el corpus de trabajo, están atravesadas tanto por la potencia de la transformación vital, como por la violencia y la muerte. En este sentido, materializan un imaginario inestable, poroso y paradójico en el que se hace presente el paradigma autoinmunitario actual, que pretende proteger la vida, potenciarla y perfeccionarla, a través de su disciplinamiento o su destrucción y, por ello, se empeña en expulsar o aniquilar ese *resto* del cuerpo del mundo, que considera desechable, monstruoso, peligroso, contagioso, o degenerado, pero que, en su extrañeza, forma parte de lo más familiar e íntimo de lo humano y de lo comunitario.

Tanto las imágenes teatrales de lxs travestis ("locas", "trans", "colizas", "monstruos", "putos", "mariquitas", "travas") como la distopía postapocalíptica a la que le dan carne lxs zombis ("muertos-vivos", "caminantes", "podridos", "no-muertos", "rabiosos", "resurgidos"), hacen visible *eso abyecto* a lo que el *yo* teme, *eso* que le produce náuseas, repulsión y de lo que desea separarse, diferenciarse. La abyección de estas figuras, manifiesta en la atracción-rechazo que producen, y en la barra de demarcación con la que se las separa del todo social como *no-sujetos*, es decir, presencias ilegibles (Butler), exhibe aquello que pone en peligro la subjetividad pensada desde lo normativo trascendental naturalizado. Eso, abyecto, creado por el límite que instituye al sujeto (la sociedad, el estado-nación), parece venir de la exterioridad, pero sin embargo se lo percibe inciertamente como surgido de un adentro desaforado, inasimilable, peligrosamente cercano a lo posible, lo tolerable, lo pensable y lo factible (Kristeva).

El cuerpo travesti-zombi, como encarnación ambivalente de lo que la sociedad niega de sí, hace visible lo que se quiere extirpar: el *otro yo negado*. De esta manera, se incorpora una nueva figura al relato que el siglo XIX había construido en torno al motivo del doble, y se complejiza el proceso de separación *yo/otro* que Roberto Esposito (2004:199) propone leer en la serie literaria *Dr. Jekyll y Mr. Hyde - Dorian Gray - Drácula*, al interpretarla como la exteriorización progresiva y lineal de lo abyecto, que lleva a cabo la sociedad, cuya culminación, en el relato de B. Stoker, es la antítesis radical sujeto/animalidad instintiva y la aniquilación de la parte que ocupa el lugar de lo rechazado. El proceso analizado por Esposito en *Bios* tiene tres momentos. El primero está constituido por la novela de R. Stevenson *El extraño caso de Dr. Jekyll y Mr. Hyde*, en la que el protagonista trata de inmunizarse de su peor parte por medio de la construcción bioquímica de otro-yo; el segundo encuentra su metáfora en *El retrato de Dorian Gray* de O. Wilde. Allí el yo y su otro acentúan la divergencia y la separación a través de la mediación del retrato. Finalmente, en *Drácula* de B. Stoker, el yo representado por una serie de personajes que encarnan la parte buena y sana de la sociedad, se separa radicalmente de lo otro, no ya de *su* otro, que es muerto-vivo, murciélago, lobo, sanguijuela, es decir, lo absolutamente animal, la enfermedad radical.

Este relato de individuación se propone, de esta manera, como paulatina negación de aquello que resulta intolerable en la imagen y la percepción que el individuo y la sociedad necesitan tener de sí para constituirse como totalidad autónoma. Sin embargo, a partir del imaginario que se materializa en las producciones cinematográficas, artísticas, series televisivas y ficciones literarias actuales, el discurso de las organizaciones que alertan sobre la destrucción del planeta y los presagios sobre la amenaza de una guerra global, el final de la historia sobre la separación yo-otro, en lugar de la emancipación del sujeto no parece anunciar otro final que la destrucción de la vida y el postapocalipsis zombi. El relato edípico del yo moderno y contemporáneo lleva a la muerte.

Los materiales culturales confirman que lo negado siempre retorna bajo formas cada vez más amenazantes, y ante ese regreso la sociedad vuelve a ensayar las mismas estrategias que resultaron fallidas (negación, disociación, expulsión, aniquilamiento), pues el antagonismo que ha sido borrado se manifiesta como pulsión de muerte. El mundo y la cultura contemporáneos, bajo el signo exacerbado del miedo al otro (la muerte, la corruptibilidad corporal, la diferencia étnica o religiosa, la enfermedad, lo *queer*, la pobreza extrema, los migrantes, el terrorismo islámico), e impulsada por una política biologizada, que toma la forma defensiva de la *justicia infinita* propuesta por el presidente George Bush después del atentado de las *Torres Gemelas* del *World Trade Center* (11/11/2001), ha escrito la secuela narrativa del *doppelgänger* decimonónico, pero con un giro ideológico cínico que la complejiza para escamotear sus sentidos. Así, hoy, el discurso sobre la *otredad* reunifica lo aniquilado metafóricamente en la novela *Drácula* con la forma viralizada de la fórmula *"yo soy el otro"*. Sin embargo esta frase que se inscribe en el marco de lo "políticamente correcto" y es presentada como valor universal, es en realidad una forma ilusoria en la que nadie cree, y por ello se convierte en práctica cínica que disfraza de diferencia *tolerada*, lo que es solamente espejo del sí mismo y, por ello, encubre la afirmación neonarcisista *"yo soy lo igual a mí mismo"*[2].

En este sentido, observa S. Zizek, retomando el pensamiento de Peter Sloterdijk (1989), que el modo de funcionamiento de la ideología actual es cínico, porque el sujeto cínico tiene bien clara la diferencia entre la máscara ideológica y la realidad social que encubre esa ilusión, pero pese a ello sigue usando la máscara como si creyera en ella, ya que aquellos que dominan los destinos del mundo no son ingenuos, no están afectados por

---

[2] Después del atentado en la revista *Charlie hebdo* (2015) rápidamente se viralizó el eslogan "Yo soy Charlie", como repudio a la matanza de periodistas en París, pero ante los atentados en Nigeria (2015) o las masacres de civiles en Siria (2016), no hubo propagación viral de la frase "yo soy Nigeria", o "yo soy Siria", como si esas muertes no tuvieran el mismo valor que las otras.

la falsa conciencia, "saben muy bien lo que hacen, pero aun así lo hacen'" (347). La *razón cínica*, que se pone de manifiesto en la contemporaneidad, es paradójica ya que no ignora que detrás de toda idealidad, presuntamente universal, hay intereses particulares, sin embargo no renuncia a esa ilusión y la sostiene públicamente para legitimar acciones que, en los hechos, niegan esos valores universales y sirven para hacer más férreo el dominio de los poderosos. Entonces, "yo soy el otro", quiere decir en la práctica cínica *yo soy el otro, siempre y cuando el otro sea igual a la imagen que tengo de mí, o forme parte de la comunidad en la que me incluyo, y todo lo demás es otredad sin derecho alguno: material desechable, inhumanidad.*

El neonarcisismo contemporáneo diluye la diferencia y el mundo se convierte en una serie de proyecciones del sí mismo ilusorio. Solo se puede atribuir significaciones donde se reconoce lo idéntico, y esto anula toda posibilidad de conectarse con lo diferente y comprenderlo (Chul Han, 2012:7). Esta distorsión lleva a que, en los actos se reinstaure más cruel aún la estructura maniquea de la leyenda regida por la lógica posicional en la que el *Mal* coincide con el lugar de la *diferencia*, y para ello la diferencia es convertida en *otredad*. Esa operación permite que sea separada como lo radicalmente exterior al todo social y convertida en el enemigo absoluto que es necesario aniquilar, o la escoria contaminante que debe ser expulsada (Jameson 92).

La consolidación del binarismo yo/otro que se pone de manifiesto en las ficciones contemporáneas que tienen como personajes a las figuras de lxs travestis y de lxs zombis, materializa la crisis del discurso hegemónico unipolar, y evidencia las aporías de una coyuntura histórica en la que se ha eliminado el disenso para construir un consenso que no es otra cosa que la imposición de un ideal de homogeneidad que aplasta la diferencia, dejando abierta solamente la posibilidad del uno a uno. En este sentido, señala Jacques Rancière (2004:144-146) que el vuelco del pensamiento político, en la era consensual, se instaló de una manera paradójica como afirmación del derecho del *Otro*, que funda filosóficamente la legitimidad de los ejércitos de intervención; y como legalidad de un estado de excepción que hace que el derecho y la política se eliminen para dejar en pie solo la esperanza de una redención mesiánica que surge del fondo de la desesperación. Así, la política, que es siempre disenso, se borra en el juego que articula en un mismo acto consenso y justicia infinita, ser y deber ser.

Las narraciones actuales tejen la mitología de la transformación de la diferencia en Mal, con la forma de una monstruosidad corporal excesiva y aterradora. De este modo, la sociedad occidental, convertida en expresión universal del Bien y de la pureza, puede validar su accionar violento y depredatorio, borrando de su campo semántico la palabra crimen, que ha pasado a ser acto en defensa de la libertad. La carne del mundo se vuelve contra sí misma en un pliegue que solo puede producir monstruos, enemigos letales y seres inermes, cuyas vidas no tienen ni utilidad ni sentido. La imposición del discurso de *la inhumanidad del enemigo*, y de *la degeneración contaminante de lo diferente*, es necesaria para legitimar la aniquilación, o la marginalización en el territorio del no-derecho, de una parte de la humanidad sin que nadie levante la voz para denunciar que se trata de un delito horrendo. La genealogía del bien y del mal nietzscheana se desmiente con el mito de la libertad y de la igualdad universales que proclama el derecho del zorro para comerse a las gallinas, tan libres como él, dentro del gallinero.

La serie británica *In the flesh*[3], producida por la BBC y creada por Dominic Mitchell, desarrolla a lo largo de sus dos temporadas (2013-2014) la nueva trayectoria del relato decimonónico sobre el proceso de separación radical *yo/otro*, que se ha reciclado como ciencia ficción distópica en la era del control absoluto y el poscapitalismo financiero. La teleserie narra a través de dieciocho capítulos la historia de un joven, Kieren, que, luego de suicidarse, resucita como zombi (podrido), junto a otros que murieron en 2009, durante lo que se llama alternativamente "el levantamiento" o "el amanecer", en obvia referencia intertextual al film *El amanecer de los muertos vivos* de George Romero (1978). El gobierno británico toma en sus manos biopolíticas la reintegración a la sociedad

---

[3] En español "En la carne", también puede tener sentido de en "lo más hondo", y de "encarnación" en el lenguaje religioso.

de estos "resurgidos", a los que denomina víctimas del *Síndrome de Fallecimiento Parcial* (SFP) y les aplica una droga, la "neurotriplitilina", que estimula artificialmente la neurogénesis de las celulas gliales, y les permite recuperar la conciencia y actuar "igual" que los seres humanos vivos y tener sexo, aunque ya no pueden comer ni beber, y son atormentados por recuerdos de su condición antropofágica pasada.

Luego del proceso de medicalización anatomopolítico y del trabajo de los psiquiatras para borrar todo sentimiento de culpa por el pasado antropofágico del que no son responsables, se los reconvierte físicamente con un maquillaje que cubre su piel mortecina y lentes de contacto, para disimular sus iris transparentes. Esta biopolítica sobre los muertos-vivos desencadena reacciones violentas en quienes no aceptan el regreso de los que mataron a sus seres queridos y comienzan a perseguirlos para excluirlos de la vida social o aniquilarlos. De este modo se plantea un cuestionamiento irónico de la inclusión anatomopolítica que solo busca producir sujetos iguales, disciplinados, dóciles y útiles, conservando los binarismos y el odio que dividen la sociedad en dos razas.

Así, uno de los personajes del telefilm, que resucita como zombi en el año 2009[4], se incorpora al aparato productivo, en calidad de herramienta de servicio de los vivos (T2:E6) y, en su función de mozo de cafetería informa, para tranquilidad de los clientes, que se le ha administrado la medicación correspondiente y que por eso no va a entrar en estado "rabioso". El disciplinamiento fármaco-medicinal se convierte en arma de control y, al mismo tiempo, sirve para conservar la división del trabajo y de las clases en la sociedad. Los personajes recuperados, solo pueden prestar servicios, y en ellos puede leerse la metonimia de la crisis económica que generó en el 2009, ya que produjo cientos de miles de

---

[4] En el año 2009 tuvo lugar la debacle económica que afectó principalmente a Estados Unidos y Europa y puso en evidencia el carácter zombi del poscapitalismo financiero, ya que se trató de una crisis sistémica pues se creyó que el capital, y no el trabajo, podría crear valor por sí mismo (Alfaro Vargas, 2011).

seres humanos descartables destinados al trabajo servil o a la exclusión del sistema.

La teleserie pone en evidencia, además, que mientras los individuos y la sociedad no puedan aceptar la diferencia constitutiva de la vida, se vuelve imposible una verdadera política a favor *de* la existencia en común en la que se acepte que "cualquier forma de vida, incluso anómala o carencial desde un punto de vista más limitado, tiene igual legitimidad para vivir de acuerdo con sus propias posibilidades en el conjunto de las relaciones en las que está inserta" (Esposito 2004:298). Por el contrario, el paradigma inmunitario, que impide la vida comunitaria, en el mundo posible de *In the flesh*, convierte a los seres diferentes en enemigos y precariza sus vidas. En este sentido, la paz social se hace solo posible a través de una doble salida igualmente catastrófica: a) la aniquilación total de la vida por la acción revolucionaria de los zombis resurgidos; b) la sustitución de la existencia en su complejidad y contradicciones por una posibilidad imaginada como una resurrección de "los puros" que supone la previa eliminación de los "impuros" renacidos en el año 2009. Curiosamente, ambas imágenes del futuro (revolución apocalíptica o resurrección regeneradora y selectiva) ocultan bajo la máscara de la utopía un único destino de destrucción y muerte (T2:E5).

En el episodio final de la Temporada 2 de la serie, durante las fiestas del solsticio de invierno, en el mes de diciembre, se prepara el advenimiento de un *segundo resurgimiento de muertos*, que tanto para los revolucionarios como para los defensores del orden establecido supone la utopía del fin del sufrimiento y la violencia. Sin embargo, esta transformación se imagina como la concreción de dos posibilidades antitéticas y excluyentes entre sí. Para los zombis o "primeros surgidos", será el resultado de una sangrienta revolución, y tendrá como efecto la puesta en acto de la igualdad entre los que queden vivos y los no muertos, concretando el fin definitivo de la persecución que sufren estos últimos; para la sociedad, la paz llegará a través de la matanza de los primeros renacidos, con el fin de que puedan volver a estar entre los vivos solamente aquellos muertos que *realmente* son buenos (T2:E6). La idea común que une ambas propuestas es que la vida es insostenible tal como se manifiesta porque está contaminada por la presencia de una contradicción radical que debe ser eliminada por la supresión de uno de sus términos. Se necesita un nuevo sacrificio de inocentes para redimir la existencia. Los seres del mundo posible que se configura en *In the flesh* no pueden soportar la vida cotidiana convertida en guerra entre vivos y no muertos, y prefieren refundar el contrato social a través de una muerte ritual que purifique la existencia y cohesione nuevamente a la comunidad a partir de un crimen colectivo.

En otra secuencia de la misma serie (T2: E4), una multitud enardecida, que se considera en situación de peligro por la convivencia con los zombis, a la que los obliga la fármaco-biopolítica estatal, marcha rumbo a un prostíbulo en el que trabajan mujeres "no muertas" y tienen como clientes a hombres del pueblo. La finalidad de este linchamiento es castigar la contaminación entre seres diferentes y la exclusión definitiva de los infectados para evitar la corrupción social. Ante la posibilidad de una violencia incontrolable e irracional, un acto de barbarie por parte de la civilización, uno de los clientes del lugar, el concejal Phil Wilson, deconstruye el discurso de la pureza y la bondad de los seres humanos, que funciona como máscara ideológica de cohesión social, delante de los miembros del pueblo, enceguecidos por el odio y el miedo, con el fin de que tomen conciencia del crimen que están a punto de cometer:

> Creo que debemos detener esto. [...] Creo que todos deberíamos dejar de fingir. Solo se puede fingir por un tiempo determinado [...] lo que trato de decir es que si la idea de que fuiste alguna vez una persona pura convierte a lo demás en algo peor, esto te hace decepcionante. No existe nadie puro. No somos más buenos que lo que ellos son malvados o inhumanos. Tal vez solo tenemos que fingir que ellos son malos porque tenemos que fingir que nosotros somos buenos. Pero si pudiéramos aceptar nuestro verdadero yo y vivir con lo que realmente somos y amarnos a

nosotros mismos, entonces tal vez podríamos aceptar lo que somos, vivir con eso, y amar. (T2:E4)

In the flesh hace visible ficcionalmente el rostro siniestro de las políticas de disciplinamiento y aniquilación de aquello que se produce socialmente como *monstruoso*, y pone en evidencia la problemática contemporánea de la exclusión de la diferencia del todo, con un planteo deudor de las teorías *queers* y foucaultianas sobre el estigma y la anomalía. Por ello, en su historia, se retoma la idea de la herida simbólica que en lxs grupos socialmente rechazados se vuelve lugar de resistencia y reivindicación de identidad. Es el espacio a partir del cual reclaman el derecho a tener derecho, libertad e igualdad. Este planteo articula un vínculo entre la figura de lxs zombis, y la de lxs grupos pertenecientes a la categoría-paraguas *trans*, porque ambxs ocupan una posición de exterioridad y a-significancia con respecto a la sociedad y el estado-nación. Ellxs están del otro lado del límite que instauran estas categorías y son producidos por esa misma frontera, porque en el momento de la fundación del contrato social y del derecho, ya se está determinando quiénes son sujetos y quiénes quedan afuera de esa categoría y, por tanto, reducidxs a valor de nada. Para esas vidas carenciadas no existe la protección ni la justicia (Butler 2009:332-333), ni en la ficción ni en la realidad.

> Las dos compañeras travestis; una de ellas, Marcela Estefanía Chocobar, de 26 años, fue vista con vida por última vez el seis de septiembre a la salida de un pub en Río Gallegos, en la provincia de Santa Cruz. El día 14 encontraron un cráneo y varias extremidades calcinadas en un terreno baldío y ayer confirmaron por un estudio de ADN que correspondían a ella. El último viernes, en Santa Fe, el cadáver de "Coty" Olmos fue descubierto en el suelo junto a la cama, con

varios puntazos y cortes en distintas partes del
cuerpo y con una bolsa plástica en la cabeza[5].

En estas figuras se materializa el modo en que las tecnologías de poder construyen no-sujetos[6], es decir, vida que no merece ni ser protegida ni llorada. De esta manera, la corporeidad y las conductas propuestas como horizonte de lo humano, y aquellos cuerpos, modos de ser y de actuar construidos como *lo otro* (la cosa absoluta, lo abyecto), en el dispositivo de visibilidad que organiza la literatura y las series televisivas analizadas, construyen un relato en el que distopía y utopía se (re)unen conflictivamente, mientras el cuerpo del mundo se presentan como escenario de esta tensión sangrienta que no deja de producir exclusión, crímenes, guerras y víctimas inocentes.

La misma visión negra del presente se materializa en otra serie británica *Black Mirorr*, que a través de la hipérbole lo proyecta en el futuro. En "El hombre contra el fuego" (Brooker 2016: T3. E5), emerge con absoluta crudeza el carácter ideológico y cínico que sostiene la producción de cuerpos monstruosos y enemigos por parte del estado-nación, a través del diálogo entre un soldado y un psiquiatra del ejército. El episodio cuestiona, a través de un discurso irónico en el que polemizan dos voces (la de la razón ilusionada que cree en los valores universales y la de la razón cínica que no cree en ellos pero actúa como si los reivindicara), las políticas que protegen la seguridad de la sociedad construyendo seres humanos que son percibidos literalmente como *cucarachas* a las que hay que exterminar[7].

---

[5] *Movimiento antidiscriminatorio de liberación*. Disponible en: http://grupomal.blogspot.com.ar/

[6] La expresión *no-sujeto* (cosa) se utiliza como posición opositiva a la idea de *sujeto*, concebido en este caso no como efecto del poder (sujeción), sino como rol social que se define por la posibilidad de ser protegido y resguardado por el derecho, que al mismo tiempo lo funda como sujeto.

[7] La expresión que Kafka usa para designar el estado de Gregorio Samsa en *La metamorfosis* (1915), "ungziefer" (alimaña), es la misma que los nazis usaban para

El punto ciego del discurso de la psiquiatría, que legitima el paradigma totalitario y homogeneizador del estado-nación, hace perceptible lo que se niega: la existencia de una sociedad que, para cohesionarse y resguardar la reproducción de sí misma, necesita primero matar y luego esconder el crimen del que es culpable a través de una ilusión de carácter ideológico. El uso de la máscara humanitaria de la preservación de la vida futura, muestra además su carácter productivo y estratégico ya que permite construir soldados altamente disciplinados que funcionan como máquinas de guerra ultra eficientes: pueden masacrar al enemigo sin culpas y sin traumas posteriores al reintegrarse a la vida "normal". Ser ciegos a la humanidad del otro y haber consentido voluntariamente a esa perversión, los convierte en cyborgs heroicos al servicio del bíopoder, y les proporciona el goce y la eficacia de matar al diferente sin culpa alguna:

> - [Psiquiatra ...] Las máscaras son el arma militar definitiva. Ayudan con la información, con la puntería, con la comunicación, con el condicionamiento. Es más fácil apretar el gatillo cuando apuntas al "cuco". No se ocupa solo de la vista, también se ocupa de los demás sentidos. No oyes los chillidos. No hueles la sangre ni la mierda.
>
> - [Soldado] Son seres humanos.
>
> - [Psiquiatra] ¿Tienes idea de toda la mierda que hay en su ADN? Tasas más altas de cáncer. Distrofia muscular [...] cociente intelectual inferior. Tendencias criminales, desviaciones sexuales. Está todo ahí. Lo vimos en las pruebas. ¿Eso quieres para las generaciones

designar a los gaseados en los campos de concentración. La expresión que se usa en la serie "roaches" (cucharachas) es un guiño intertextual que sugiere la misma idea futuras? No te sientas mal por hacer tu trabajo […] La máscara te permite hacerlo. Tú, tú estás protegiendo la estirpe. Y eso, amigo, es un honor.

El carácter ambivalente de las figuraciones de lxs travestis y lxs zombis del corpus narrativo se puede pensar a partir de la idea de *extimidad* (Miller 2010). Las imágenes de los cuerpos *no muertos* y *trans* revelan que lo más íntimo del sujeto es el otro, eso con lo que está más ligado que consigo mismo, eso que desea extirpar porque lo agita en lo íntimo de su ser, siendo paradójicamente lo absolutamente exterior. La estructura de la extimidad revela la excentricidad radical del hombre, ya que su núcleo *real* es lo no idéntico a sí mismo, y no como se pretende la identidad. Pero, además, por su relación con la idea de *communitas* (Esposito 1998: 25-32), esta categoría permite cartografiar los límites de un imaginario que piensa la subjetividad y la sociedad como algo total y clausurado con respecto a un afuera amenazante y peligroso del que debe defenderse levantando muros cada vez más altos, y aniquilando toda vida diferente.

Sin embargo, lo que caracteriza a lo común no es *lo propio* sino *lo impropio*, es lo otro aquello que inviste y descentra al sujeto propietario y lo fuerza a salir de sí mismo, a alterarse, y a no encontrar un principio de identificación, sino un vacío, una distancia, una ausencia que lo vuelve extraño a sí mismo. En la comunidad se rompe la relación sujeto-objeto, porque se es sujeto de la propia ausencia y, además, absolutamente contingente. Los sujetos en la comunidad están recortados por un límite que no puede interiorizarse porque constituye su afuera. La comunidad no es ni un modo de ser ni un modo de hacer del sujeto individual, ni su multiplicación. Es su exposición a lo que interrumpe su clausura y lo vuelca al exterior, un vértigo, una ruptura en la continuidad de ser sujeto (Esposito, 1998: 30-32). Esta idea de comunidad es negada en los relatos del corpus, porque en ellos lo común se instala a partir de la idea de lo propio, y de lo idéntico. Es parte de un relato identitario esencialista y autoritario.

De los cuerpos travestis a los cuerpos zombis

En las narrativas en torno a las figuras de lxs travestis y, sobre todo, de lxs zombi, *eso* rechazado por el todo comunitario, y sin embargo *éxtimo*, que se presenta como lo impropio, lo degenerado, lo que expone al peligro de la disolución, hace visible el proceso de clausura y negación de los hombres y la sociedad y, al mismo tiempo, permite articularlo con aquello que en los imaginarios aparece como la concreción regresiva de lo primitivo, lo enfermo, bajo la forma terrible de la infestación colectiva. Así, lo angustiante figurado por lxs trans (la ambivalencias de género, el exceso corporal y verbal y las plurales forma de la sexualidad), y lo temido, materializado en lxs zombis (la indiferencia vida-muerte, la antropofagia, la carencia de un yo unario, el contagio) amenazan la pureza de la existencia individual y social, y potencian el surgimiento de las defensas características del modelo autoinmunitario, contra aquello que debilita o pone en peligro: la degeneración, el SIDA, el virus de la zombificación.

Lxs travestis del corpus de lectura están atravesadxs por el deseo y la transgresión de las determinaciones de sexo y género impuestas por la ley de la heterosexualidad naturalizada. Se sitúan en el mundo con una actitud desaforada y escandalosa, tanto en la puesta en escena corporal que realizan, como en sus actitudes provocativas y en su discurso provocador. Atraen la mirada sobre sí, pero son percibidos como seres degenerados, enfermos, potencialmente peligrosos para la moral social y la heterosexualidad. El cuerpo de lxs muertos vivos, por su parte, no está meramente ahí como una cosa, de manera inerte en la vida, no se trata de un cadáver, de ser así no produciría miedo, a lo sumo repulsión. Lxs zombis presentan una intencionalidad energética que los ubica en el entrelugar de la "existencia cruda" (Csordas 201-221) y por ello interfieren en la vida de la sociedad a pesar de su no-conciencia y su carácter asocial. Si bien no se manifiestan como subjetividad formada sino degradada, y no tienen en sus figuraciones clásicas capacidad de reflexión; se percibe en sus movimientos un tropismo sintiente que lxs muestra orientadxs hacia el mundo y a su vez, abiertxs a él, aún con limitaciones. Este hecho lxs expone a la violencia de los vivos, ya que provocan miedo: son cuerpos vacíos de sentido, ilegibles, y prefiguran la descomposición de la muerte y el contagio de la enfermedad. Por ello, ambas corporeidades patentizan el efecto revulsivo que una condición corpórea ambivalente provoca en las convenciones esencializadas como *deber ser*, rechazo y atracción.

El quiasmo que construye el vínculo entre ambas imágenes hace visible cuál es el elemento de juntura que las hace parte de una misma carne: *el exceso y la co-presencia de dos órdenes contradictorios en un mismo cuerpo*. Este oxímoron cuestiona y pone en peligro la legitimidad de las normas trascendentes naturalizadas, que legislan *sobre* la vida a partir de binarismos tales como normalidad/anormalidad; natural / cultural; sujeto / objeto, hombre/mujer, pasividad/actividad, vida productiva/existencia inútil. Lo que espanta en estas figuras dobles y "monstruosas" es la potencia de una corporalidad que se proyecta hacia el mundo como *postura*[8] y no como mero ser-ahí. Ocupa un lugar situándose en él activamente ya que no solo son configuradas por el mundo que las produce como anomalía, sino que estos cuerpos re-configuran el mundo y lo incomodan, descentrándolo y exhibiendo su condición de *carne de su carne*.

En estos cuerpos emblemáticos de la contemporaneidad, la carne considerada, en la tradición del pensamiento occidental, impensable y ajena al logos (Merleau Ponty 1964), fascina, inquieta, atrae y, al mismo tiempo, provoca miedo y rechazo. La materialidad de estas corporalidades pone en primer plano algo siempre excesivo, incontrolable que desestabiliza al *Ego* consciente y dominante, al subrayar una extrañeza de la que quiere separarse y que pretende ignorar objetivándola, y volviéndola *cosa*. El sujeto moderno se ha configurado bajo el signo de lo inmunitario; para constituirse ha eliminado una parte de sí que considera extraña, agresiva y peligrosa, pero la presencia de lxs travestis y lxs zombis ponen al descubierto la falla del sistema inmunitario del cuerpo social, que al tratar de eliminar la contradicción, lo impropio de *su* condición hacia el exterior, desencadena en ese mismo cuerpo una enfermedad autoinmunitaria que culmina con la aniquilación de la vida o su degradación.

---

[8] Merleau Ponty (1962:68) señala que la imagen corporal es un modo de declarar que mi cuerpo está en el mundo, no como cosa muerta sino existente porque lo único que no tiene postura es *lo muerto*, es una "forma" de estar- en-el-mundo.

De los cuerpos travestis a los cuerpos zombis

En los materiales del corpus, la figura de lxs travestis y lxs zombis se hace visible como imagen extrema, le da carne a las contradicciones del presente. Los relatos que los tienen como centro deforman, patentizan de modo crítico la monstruosidad de la actual coyuntura, dominada por la transformación de la diferencia en otredad. Estos cuerpos ponen la carne del mundo en primer plano y permiten pensar hasta qué punto en el presente no hay posibilidad de imaginar un futuro que no sea la reproducción exasperada de lo que ya está: la catástrofe del cuerpo de un mundo clausurado en sus posibles, escindido en dos razas, que produce seres humanos infelices, desamparados, deprimidos, enajenados, endeudados, descartables, o monstruosos (Balibar; Esposito 2004; Cavarero; Chul Han 2012).

La imagen de los cuerpos travestis y zombis ponen en escena las aporías de la biopolítica y el paradigma de la inmunidad que hacen sentir sus efectos mortíferos sobre la sociedad sometiéndola a los efectos de una norma biológica etnocéntrica e idealizada que hiere la continuidad plural de lo viviente, y niega la inmanencia trascendente de la vida (Deleuze 1995). Al mismo tiempo, estos cuerpos son un síntoma en el que puede verse aquello que la sociedad teme y expulsa de sí, por eso funcionan como *figuras* de un sistema estético complejo y paradójico que erosiona los binarismos sobre los que se estructura la distribución policíaca de los espacios al determinar qué cuerpos se han vuelto potencialmente peligrosos y, en consecuencia, deben ser expulsados o suprimidos para evitar la contaminación, el debilitamiento de la salud y la potencia de la vida, y qué cuerpos merecen vivir y ser protegidos (Foucault 2003; Butler 2009; Esposito 2002 y 2004).

La materialidad corporal de travestis y zombis, construida centralmente a partir de la puesta en primer plano de la carne, vuelve ilusoria toda abstracción de lo humano y emerge como una figura marcada por la opacidad y la paradoja, por eso es evasiva, inasible y compleja. Constituye un espacio crucial para leer las contradicciones de nuestra sociedad y los complejos vínculos que se tejen entre subjetividad, cuerpo, sociedad, cultura e historia, hoy. Ambas corporalidades, lejos de configurar entre sí una antítesis radical en la que se opondrían el gesto liberador de lxs travestis, que usan su cuerpo para construirse y resistir las sujeciones sexuales y de género, y la alienación irrecuperable de lxs zombis, cuya interioridad no se puede imaginar porque solo es legible como lo otro de lo humano; o el tropismo involuntario del cuerpo antropófago de lxs muerto-vivos que consume la vida, y el cuerpo vivo consumido, en lxs *locas* enfermas de SIDA; o la carne que se convierte en mercancía sexual en el gueto coliza prostibulario, y la carne del consumidor compulsivo que invade el mercado, metaforizado en lxs muertos-caminantes; constituyen un territorio abierto y poroso que permite asediar interpretativamente la forma de un tiempo que parece no poder imaginar otra cosa que la crueldad sin límites de un sistema en el que se atenta contra la vida hasta no dejar diferencia entre ella y la muerte. Nuestro presente tiene la forma de una realidad espectral en la que los seres excluidos parecen estar, pese a su condición de existentes, ni vivos ni muertos: son números, cifras, porcentajes, abstracciones, imágenes anónimas, que ya no entran en ninguna cuenta, excepto como daño colateral o materia desechable.

La tragicomedia de la carne trémula y deseante: entre la falta y el excedente

"Promuevo barricadas,

en medio de la legislatura que nace en tu cerebro,

esa que llena de leyes chatas la bata de tu deseo,

que dice que ahora no,

que dice que el sueño agota,

que dice qué limpito el piso,

que dice que mejor semáforo que paloma,

¡Quemo el recinto de tus leyes!

piquetera trans de la autora."

Susy Shock

La corporalidad *travesti*, que diseñan las crónicas del escritor y performer chileno Pedro Lemebel, ubicadas en una coyuntura histórica que abarca la dictadura pinochetista, la posdictadura y la consolidación de la democracia neoliberal, convierten la carne en el teatro donde se lleva a cabo una puesta en escena ambigua y extrema que pone en crisis el paradigma de género normativo, sustancializado en el binarismo hombre/mujer que rige las distribuciones de los cuerpos en la sociedad. Esta escenificación evidencia de manera perversa las "tecnologías del yo" reconocibles en los procesos de subjetivación que el individuo lleva a cabo bajo la forma de un arte de la vida en el que lo personal y lo social se relacionan[9]. Estas tecnologías, en el contexto del gueto travesti-prostibular

---

[9] Michel Foucault en *Teconologías del yo* (1981) observa que los juegos de verdad que se desarrollan a partir de una serie de técnicas que usa el hombre para

de las crónicas, implican un *ocuparse de sí*, personal o con ayuda de otros, que activa una serie de prácticas sobre el cuerpo y la conducta cuyo fin es lograr cambios que permitan materializar el anhelo irreductible, que está al principio de un comportamiento diferente, que es visto por la sociedad como extraviado o atípico, ya que provoca escozor en la cultura normalizada por los procedimientos anatomopolíticos de control y disciplinamiento (Foucault, 1981; Edelman).

Por ello, el cronista de "Marcia Alejandra de Antofagasta", relato incluido en *Zanjón de la Aguada* (2008), reflexiona sobre la forma del desvío que hace que el discurso normalizado no pueda reconocer en Marcia una mujer a pesar de su deseo, de la puesta en escena de la femineidad que escenifica en el cuerpo, y los tratamientos hormonales y quirúrgicos a los que se ha sometido: "No es la voz, le insistí más seguro, puede ser la construcción mental de las locas, ese exceso gratuito y delirante en su pensar. Algo así como reimaginar el mundo en un continuo deseo" (155). El cuerpo trans se autopresenta desde la perspectiva antinormativa de Lemebel como un espacio de hibridez, heterodoxia, malestar y rebeldía, que rompe la clausura del emplazamiento dentro del cual el poder y sus estrategias de género lo quieren localizar.

Sandy Stone en "El imperio contrataca. Un manifiesto postransexual", sostiene que el problema que enfrentan muchos transexuales al decidir operarse para cambiar su sexo, es acatar, a través de esta intervención, las normas heterosexuales impuestas en la sociedad. Esto las lleva a borrar su identidad anterior y a comportarse como si fueran mujeres, asumiendo el rol en todas sus determinaciones. Stone propone, por el contrario: "Intentar ocupar un espacio como sujeto hablante dentro del marco tradicional de los sexos es aceptar el discurso que uno desea deconstruir. En su lugar, podemos hacernos con la violencia textual inscrita en el cuerpo transexual y convertirla en fuerza reconstructiva" (6).

entenderse a sí mismo, suponen operaciones sobre el cuerpo y el alma que implican cierta forma de aprendizaje y de modificaciones, ya que les permiten a los individuos adquirir habilidades y destrezas para operar sobre sí.

En otra de las crónicas del libro *Loco afán* (1996), "El último beso de Loba Lamar", se organiza una *performance* comunitaria que presenta de manera ambivalente y paródica la condición liberadora, pero también alienante y agresiva, que tienen las tecnologías de género (de Laurentis) a través de las cuales, en la marginalidad y la pobreza, se construye una *forma* que tiene como modelo ideal de mujer a las *divas* del cine y los medios de comunicación masiva. El paradigma del modelo (Schaeffer 2012) funciona aquí como idealidad cuya violencia se vuelve sobre el cuerpo para transformar la carne en escenario material dócil sobre el que se esculpe la imagen deseada, y de este modo se cumple el deseo póstumo de Loba: "ser diva para siempre":

> Y de un brinco se encaramó sobre el cadáver agarrándolo a charchazos. Paf, paf, sonaban los bofetones de la Tora hasta dejarle la cara como puré de papas. Entonces, levantó su manaza, y con el pulgar y el índice le apretó fuerte los cachetes a la Loba hasta ponerle la boquita como un rosón silbando. Chúpese de muelas mijita, chúpese de muelas como la Marilyn Monroe le decía, dejándola con ese gesto por mucho rato (46).

Sin embargo, en el relato, se subraya que el resultado obtenido lejos de ser una *copia conforme* del modelo propuesto por la industria cultural, que es a su vez la figura naturalizada de un patrón construido y mercantilizado[10], el cuerpo travesti se presenta como una mascarada excesiva, que no pretende ocultar su ambigüedad, sino exacerbarla a través del maquillaje, la ropa, los gestos, el tono de voz, las cirugías y el uso de

---

[10] George Vigarello (212-213) señala que la industria cultural, en especial el cine, renovó los imaginarios en torno a la apariencia física, dándole a la belleza un lugar central como factor de atracción. En este sentido, el arte de maquillarse pasó a ocupar un lugar crucial y en las revistas de difusión masiva proliferan las confesiones de las *stars* sobre el rol del maquillaje, los secretos para estar hermosa y ser fotogénica.

un lenguaje provocativo e "incorrecto". En este sentido, la elección del género crónica articula, en el punto de encuentro constituido por el exceso y la heterodoxia, el cuerpo coliza y la escritura *trans*, pues ambos ponen en crisis los límites genéricos y la ley.

Las crónicas urbanas escenifican el borramiento de la diferencia realidad-ficción y de todo tipo de binarismo debido a su condición proteica y mutante (Montes 2013); y sus imaginarios, en los que se deconstruyen los lugares comunes del lenguaje y la realidad, dan la posibilidad del surgimiento de otra cosa, al subrayar el carácter performativo de las subjetividades que va diseñando la escritura (Butler 2009). Por otra parte, entre las performances del colectivo formado por Pedro Lemebel y Francisco Casas, y las crónicas del primero, hay un juego constante de pasajes y espejeos, no solo por los constantes guiños y la referencias concretas en la escritura a las intervenciones estéticas y políticas de *Las Yeguas del Apocalipsis*, sino también porque en esta capilaridad se hace visible el carácter revulsivo de estos cuerpos diferentes y singulares y la redistribución de lo pensable y de lo imaginable que proponen (Blanco-Poblete)

En "Marcia Alejandra de Antofagasta, relato incluido en *Zanjón de la Aguada* (2008), el personaje decide que "la ciencia médica dé un hachazo [...en] el sobrante masculino", y luego construye su presentación corporal con "largas pestañas de murciélago trasnoche, cintura de mosca mestiza y un par de mamas a lo Jane Mansfield como papayas nortinas de siliconeado vaivén" (152-153). El régimen escópico de la crónica selecciona y recorta fragmentos corporales para convertir la escritura, y el cuerpo, en una superficie deseante, que pone en el centro la ambigüedad de esa presentación corporal, que en el imaginario de Marcia intenta reconstruir la coherencia género-sexo anclada en la ilusión de lo femenino, pero que el texto lee como desvío en el que se hace carne la libertad de un devenir cuerpo sin órganos, en tanto imagen extrema y carnavalesca de un ideal impuesto en la cultura de masas como epítome de la mujer.

La figura de Marcia Alejandra se autoconstruye, así, como el efecto de una estética-Frankestein que exhibe la consistencia carnal de un deseo liberador, y la parodia de ese deseo alienado por el mandato de una normatividad que, aún en el desvío, impone una forma de mujer-objeto sustancializada. En su cuerpo se tensiona un deseo doble: el de cumplir su anhelo de ser una mujer igual a las demás, construyendo un cuerpo según el modelo imaginario de los hombres e impuesto por la industria cultural, y la necesidad de sostener el rechazo a toda norma con el descaro del gesto, la exageración y el tono provocativo y ambivalente de la voz.

La estructura paradójica de la autoconstrucción identitaria exhibida en el cuerpo de lxs travestis, se replica en la escritura, que oculta y muestra con intermitencia juguetona y perversidad erótica la condición de "casi mujer"[11] que lxs personajes actúan de diferentes y mutantes maneras. Pero, en esos cuerpos y en el lenguaje usado, el "casi" no responde a la idea de una *falta* o de una imperfección en relación a un deber ser, sino a la materialización de la fractura y la distancia que imponen un imaginario y una performance marcados por el derroche y lo incesante de un deseo "gratuito y delirante" que usa la norma para transgredirla (Lemebel 2008*b*: 153 y 155). En este sentido, ser "casi mujer" supone una diferencia con el modelo sustancializado de lo femenino, que ocupa un lugar minoritario en el binarismo donde el primer término es lo masculino en tanto categoría molar y privilegiada, pero también gozar las posibilidades sexuales que ofrece no ser "tan" mujer y ubicarse en un entrelugar ambiguo.

Ser "casi mujer" es signo de la superación de los condicionamientos orgánicos, formales, subjetivos, y culturales, porque en ese *entredós* la diferencia no se conceptualiza a partir de una inferioridad, sino desde la perspectiva de la potencia del deseo, la motivación, el proyecto, la intensidad y los afectos. Es un *plus* que prolifera y traspasa todo límite, anunciando una ruptura intencional con lo normativo (Fischer Pfaeffle 20-21). En un relato travesti más actual, *Batido de Trolo* de Naty Menstrual

---

[11] "La Regine de aluminios El Mono", "La muerte de Madonna", "Lorenza" (Lemebel,1996); "Marcia Alejandra de Antofagasta" (Lemebel, 2008*b*).

(2012), se pone en evidencia la preponderancia de la *actitud*, en la construcción deseante de un cuerpo seductor que no necesita implantes de siliconas, y se construye con apenas unos pocos emblemas exagerados de lo femenino: "una vincha rosa escandalosa a la que solo le faltaban las antenas y luces, los labios púrpuramente pintados y dos aros colgantes de grandes perlas" (55). En ese cuerpo lo decisivo no es la puesta en escena integral de lo femenino sino del deseo, que la metáfora provocativa del texto de Naty Menstrual construye como la experiencia vital de "un culo con hambre de quinceañera" (55), para subrayar el carácter contrasexual de las prácticas travesti, que no están ceñidas a la genitalidad normativa.

Ahora bien, el "casi" al que alude Lemebel, que oculta y muestra el simulacro de lo femenino, en sus relatos no se plantea todavía en los términos de la disidencia *queer* que implica una posición crítica más radical y atenta a los procesos de exclusión del otro que genera toda ficción identitaria (Preciado, 2012-2013). Muchas veces en las crónicas se pone el acento en el rechazo del estereotipo masculino gay "del Norte", excluyéndolo como posibilidad contestaría del género por su apariencia heterosexual, y se naturaliza la irrupción de la normatividad sexual en la que se asume el lugar de la mujer respecto del deseo del hombre, como ocurre en el personaje de Regine, de una de las crónicas de *Loco afán* (Lemebel 1996), que se enamora de un paco heterosexual.

Sin embargo, en las figuraciones de las locas, por lo general, se pone luz cenital en la ambigüedad genérica y sexual, y en la potencia del deseo, y esta heterotopía se vuelve punto de partida para el desarrollo de un discurso político sobre la *Historia* que no acepta las versiones oficiales y normativas. Por eso, en una de las crónicas de *Loco afán* (1994), "Juan Dávila. La silicona del libertador"[12], se hace referencia explícita a una de las obras del artista plástico que presenta "un Bolívar tetón y ligero de cascos, mostrando las nalgas morenas de la utopía latinoamericana" (135).

---

[12] Juan Dávila, The Liberador Simon Bolívar, 1994, oil on canvas, 125 x 98 cm, Fuente: Art Almanac, ctober 2006. www.art-almanac.com.au/page.php?page=70

Esa pintura de Dávila hace visible el *cuerpo sexuado* de la historia patria y latinoamericana (las pulsiones, los deseos, la sexualidad de sus protagonistas), desarmando la pretendida verdad objetiva de la historiografía y el carácter abstracto y maniqueo de sus figuras. Al mismo tiempo propone un paradigma en el que se vuelve irrisoria la idea de una patria, sin carnalidad, puro ideal, y engendrada, de manera inmaculada, solo por héroes-varones, a la manera de los dioses olímpicos. Esta postura reconfigura el lugar de las minorías, por lo general ubicadas con un rol pasivo y secundario, como mero telón de fondo, anécdota colorida, carne de cañón anónima de la epopeya libertadora, o apoyo femenino desde las labores o el ámbito familiar de lo privado, excepto excepciones como Juana Azurduy, entre otras.

Lemebel da la palabra a ese resto olvidado por la historiografía, abriendo una brecha en la que pueden ocupar un espacio como sujetos hablantes y cuerpos sexuados, sin aceptar las imposiciones del discurso en el que los que *hacen* la historia son aquellos hombres ejemplares, que construyeron con su acción el relato fundador de lo único que merece ser narrado y recordado por la historia (Rancière, 2012:57).

> la versión homosexual de los próceres, traviste en carnaval maraco el privado de la independencia. Porque no todo fue guerra y jurar a la bandera, como si la patria fuera un convento benedictino. Seguramente los padres putamadres de la patria también tuvieron su noche de celebración, chimba y zamba. Quizás terminaron un amanece borrachos, con los pantalones abajo, persiguiendo a una sirvienta mulata. Tal vez era un mulato de ojos nostálgicos por Africa, encargado de izar el pabellón en su falo azabache. Quizás Simón no era tan Simón ni Bernardo tan Bernardo, y a José se le escapaba la San Martina, cuando desfilaba la tropa erecta por la calentura de la libertad (2003).

La forma del cuerpo travesti organiza un relato abierto y descomprometido con la pre-concepción fija y sustancialista de la relación binaria hombre / mujer, y somete a irrisión el disciplinamiento anatomopolítico, y las regulaciones biopolíticas que gestionan los límites entre la normalidad y la anomalía, corrigen los cuerpos y excluyen lo diferente, convirtiéndolo en *lo otro* del sujeto (Foucault 1996). El deseo transforma la carne en un espacio estético, en tanto *zona liberada* de todo orden policial mimético-representativo, por eso mismo organiza un dispositivo sensorial caótico y trashumante, que rompe las distribuciones y las jerarquías que rigen en el espacio corporal individual y de la sociedad (Rancière 1996: 41-42). Así, la travestibilidad proletaria ilumina su mascarada con "un brillo de concheperla que relumbra en el zaguán del prostíbulo urbano" (Lemebel 1996:77), para fundar una ley que habilita todos los desvíos del género y del sexo, y un relato que no requiere cierre, ni significado, ni nombre definitivo para eso que se actúa con la intermitencia de lo ambivalente e impropio.

En otra de las *Crónicas de sidario* (1996:152), se narra la historia de quien a los 10 años pierde sus brazos en un accidente, y en su documento chileno de identidad figura como Ernst Bötter, pero decide reescribir su historia como *Lorenza*, y hace de la mutilación, la falla, el centro de una obra de arte en movimiento, una *performance* que presenta un cuerpo utópico en el que *la naturaleza* es mostrada como un artificio ilusorio que se puede hacer, deshacer y rehacer. Los brazos amputados de Lorenza devienen alas, y muestran el carácter construido de la forma anatómica propuestas como norma:

>en Lorenza la homosexualidad es una
>reapropiación del cuerpo a través de la falla.
>Como si la evidencia mutilada la sublimara por
>ausencia de tacto. Cierto glamour
>transfigurado, amortigua el hachazo de los
>hombros. La pose coliza suaviza el bisturí
>revirtiendo la compasión. Se transforma en un
>fulgor que traviste doblemente esta cirugía
>helénica. [...] es una walkiria trunca y orgullosa.

> Por los brazos que no tiene se inventa un par
> de alas, como la Victoria de Samotracia
> posando para Robert Maplethorpe, el fotógrafo
> homosexual que un tiempo después murió de
> SIDA" (1996:153).

En tanto minoría que se incluye en la categoría-paraguas de *transgénero*, la teatralización travesti rechaza el lugar sustantivo y preconstituido que se le adjudica en el paradigma anatómico y jurídico hegemónico, para el que no se puede ser otra cosa que hombre o mujer, y el sistema de la lengua que, en español, obliga a poner "el" o "la" delante del sustantivo "travesti", como si en ese artículo se pusiera en evidencia la verdad de un género escondido en la intimidad de los genitales, o de la sexualidad, que el artificio enmascara defectuosamente. Por el contrario, el mundo coliza, en la sinécdoque que construyen las crónicas, erosiona la coherencia de la serie género-sexo-deseo, ya que la ambigüedad borra el encasillamiento en categorías como heterosexualidad, bisexualidad u homosexualidad, y el rol que se debería asumir (Giberti 37).

El cuerpo individual es un "artefacto" anatómico naturalizado y, por ello, en él se escamotea el carácter construido de la anatomía y su género. Esto hace que las personas *trans* ocupen un lugar marginal, cercado por la idea de anormalidad, y que el lugar común de los discursos cotidianos, aún hoy, lxs estigmatice o excluya con el rótulo de "degeneradxs" o "enfermxs". Así como en el Siglo XIX, los denominados "monstruos" eran exhibidos en las barracas y los circos y el hombre elefante, la mujer barbuda, o el enano, tenían una función cultural y social clara: marcar la frontera de la normalidad (Corbin, Courtine y Vigarello), en la actualidad, las cuestiones relativas al género, la identidad o la sexualidad se entrecruzan y permiten observar, en muchos casos, la supervivencia de los límites culturales impuestos externamente que se han naturalizado.

Los trabajos de campo, con frecuencia, presentan entrevistas en las que las personas *trans* señalan que *en su interior* se sienten mujeres (u hombres) y por ello algo está mal en sus genitales, que afirman otra cosa: 'te ves como si estuvieras en el cuerpo equivocado' (Soley-Beltrán 5). Esta sensación de estar encerrados en un cuerpo equivocado, se sostiene en la idea de que habría un núcleo interior en el que se encuentra la percepción de género que se tiene de sí y que esto es algo dado naturalmente, una esencia verdadera e inmutable de la identidad. De este modo, se establece un binarismo *interior/exterior* que asigna al cuerpo la condición de envoltorio anatómico disonante respecto de la percepción íntima y verdadera de género que se posee. Por ello, muchxs transexuales que quieren operarse dicen que lo hacen por un problema de identidad, para lograr coherencia entre lo que sienten que son y el cuerpo. En estos testimonios, se torna visible la pervivencia de la lógica normativa que determina la coincidencia de anatomía y género. La percepción de sí debe coincidir con el cuerpo, la vestimenta y la postura; solo se puede pertenecer a una categoría: se es hombre o se es mujer, a tal punto que en muchos casos se construye una historia en la que se niega la etapa anterior a la operación y se asume en las ropas y las actitudes una configuración de lo femenino tradicional, como si fuera algo inmanente e instintivo que yace en lo profundo y solo hay que dejar salir (Stone 8).

En este paradigma, al trans-vestirse, el sujeto elige un tipo de indumentaria que confirma la identidad del género interior con la apariencia exterior (Butler 1999). Este gesto implica, paradójicamente, un modo de controlar, institucionalizar y esencializar la fluidez genérica. Algunas veces, la figura de lxs trans y de lxs travesti, en la construcción de su cuerpo, no hacen otra cosa que acatar la norma del género, y borrar la designación que constituye su lugar de rebeldía, trans o travesti, con lo cual se disuelve el hiato entre género y sexo, y se deja de lado la ironía que cuestiona y desestabiliza la relación entre significado y significante (Soley-Beltran 6).

Desde la posición que se evidencia en las teorías *queer* se puede leer este abandono de la ambigüedad como efecto del funcionamiento biopolítico del marco que encuadra la realidad social vivida con la forma de una fantasía. Este imaginario supone la existencia de una forma, de un orden, de una organización que asegura la identidad de los sujetos y su coherencia. Por ello, la "queeridad" no puede definir la identidad sino solo perturbarla, fisurarla, distanciarla de sí. Así, poner en primer plano el "casi", el "más que", el "ni-ni" depositarios de la potencia des-organizada del deseo, y el *"no"*, que rechaza todo valor social existente, desafía a lo social, en tanto ley trascendente, y defiende el derecho a ser *queer*, afirmando una exterioridad absoluta respecto de la política y de los relatos teleológicos que sostienen las fantasías ideológicas de orden y significado (Edelman 24, 27 y 39).

Judit Butler (1999:8-9) se pregunta si sólo se puede pensar el género desde los binarismos, y si bien rechaza como otros teóricos *Queer* la relación estructural entre género y sexo, ya que la normatividad heterosexual no debería ordenar el género, sostiene que las prácticas de subversión genérica no se relacionan necesariamente con la sexualidad, ya que el género puede volverse ambiguo sin que cambie la sexualidad normativa, incluso la ambigüedad puede intervenir para reprimir o desviar las prácticas sexuales no normativas. En este sentido, la llamada *performatividad* del género, puede leerse como una expectativa a nivel "exterior" que revelaría algo "interior", produciendo el fenómeno que anticipa. Esta situación funcionaría como *metalepsis* en la que se borran las diferencias entre real e imaginario. La performatividad no es un acto único, sino una repetición ritual que consigue su efecto a través de la naturalización del género sostenida temporal y culturalmente, porque no hay género sin reproducción de normas, más allá de que ese cumplimiento de las normas las ponga en riesgo o las desvíe (Butler, 1999 y 2009).

Por otra parte, esta performatividad de género funciona de igual manera que lo que Zizek denomina "creencia". A diferencia de lo que se sostiene, la creencia no es interior sino radicalmente exterior y, en ello, funciona como las ruedas de las plegarias tibetanas: "se escribe una plegaria en un papel, se introduce el papel enrollado en una rueda y se da vuelta automáticamente a ésta, sin pensar [...] De esta manera, es la rueda la que reza por mí [...] o más exactamente, soy yo quien reza a través del medio de la rueda [de modo que] piense lo que piense, objetivamente, estoy orando (251-352).

La acción de la ironía, materializada en la puesta en escena exterior de lo corporal, los gestos, la voz, el modo de decir y hacer, quiebra los efectos de la supuesta *verdad del género*, convertida en creencia, y pone en cuestión la coherencia de la identidad y el sentido literal que se les da a sus signos, de allí la importancia del artificio exagerado o la carnavalización que ponen en acto lxs travestis al crear un territorio de ambivalencia, sin límites precisos. El cuerpo que construye la escritura de Pedro Lemebel, Susy Shock o Naty Menstrual se presenta como una puesta en escena carnal, una carnestolenda que sigue los modelos mediáticos y de las divas del cine, pero con la distorsión de la hipérbole. Subraya la dimensión construida y performativa del género, aunque eso no asegura *per se* el carácter revulsivo de las figuras *queers*[13]. Sobre todo, si se interpreta esa teatralización como la de *un varón vestido de mujer*[14], ya que, entonces, el primer término, varón, correspondería a la "realidad del género", lo cual implica el presupuesto de una anatomía masculina normativa, y el segundo término, mujer, sería el resultado de un artificio, de una máscara, de una ilusión, que copia un modelo femenino (Butler 1999: 14).

La ambivalencia que desvía la norma del género aparece, en algunas crónicas de P. Lemebel, cifrada en la perspectiva narrativa que confirma y toma distancia, al mismo tiempo, tanto de la idea de hombre disfrazado, como de mujer, con sus comentarios sobre el disimulo, el artificio del escamoteo y del disfraz al referirse, por ejemplo, a la prostitución travesti. Ahí el "no es tan" equivale al "casi", es señal de transgresión de la norma, de plus, de ambivalencia perversa, pero nunca de negación absoluta de la normatividad ya que el entrelugar se establece justamente en relación al binarismo hombre/mujer. Sin ley no hay transgresión:

---

[13] Edelman considera *"queer"* a las personas estigmatizadas por no adherir a cánones heterosexuales.

[14] En este sentido resulta interesante la presentación mediática de los *crossdressers* que hace el diario Clarín en una nota de *Viva,* versión online, del 31 de julio de 2016, cuyo título menciona: "Crossdressers: los hombres a los que les gusta vestirse como mujeres". http://www.clarin.com/viva/Crossdressers-hombres-gusta-vestirse-mujeres_0_1621637973.html

> la noche milonga del travesti es un visaje
> rápido, un guiño furtivo, que confunde, que a
> simple vista convence al transeúnte que pasa
> [...] adherido al tornasol del escote que patina
> la sobrevivencia del engaño sexual [...] porque
> la mayoría de los hombres, seducidos por este
> juego, siempre saben, siempre sospechan que
> esa bomba plateada *nunca es tan* mujer
> (1994:77); (subrayo).

Lo normativo aparece violado, puesto en crisis, de manera efectiva en estas figuras solo cuando se instala la indecibilidad acerca del cuerpo que está debajo de la ropa, y se desarman los prejuicios que piden definiciones e instalan la disyunción varón/mujer. La operación se concreta en muchas de las crónicas porque, en este territorio escriturario, la loca se define por una elección de pareja masculina, o que por lo menos no se asume como homosexual, para apartarse desde un punto de vista político del patrón gay neoliberal del Norte, pero también, para "desafiar los roles y contaminar sus fronteras" (124). El cuerpo que oculta la ropa aparece como incertidumbre, como un espacio *entre* que suspende-no suspende la norma, a manera de sistema caótico impredecible, y como rebelión ante los encasillamientos de la sociedad: "La Regine, manos en cadera, con la bata china abierta mostraba un pezón plano" (1996:28).

El pesonaje de "Regine de Alumnios El Mono", uno de los personajes muertos por SIDA, evocados en *Loco Afán* mantiene una relación platónica con su hombre porque este no acepta su condición ambigua, acatando la norma que le impone la concepción normativa heterosexual de pareja. Por ello, el narrador la llama "sirena travesti" (26), ya que aparece como una mujer sin genitales, solo es perceptible hasta la mitad. Pero también en los imaginarios de los relatos de Naty Menstrual (2012) es la figura del macho el que excita el deseo y el enamoramiento, aunque no se excluya el sexo con un homosexual como así tampoco la irrupción del deseo en el juego con el doble rol activo y pasivo, tal como se da en el relato "Pablito no clavó un clavito (a Pablito lo clavaron", de *Batido de trolo* (145-149).

Lxs travestis construyen de manera consciente una figura indecidible, y esta condición sirve para colocar en tela de juicio la verdad del género y la frontera nítida entre ilusión y realidad, por lo que la figura que lxs define es la *metalepsis*. Sin embargo, el gesto solo resulta efectivo si la duda se instala en contra de los tabúes y prejuicios que rechazan el mestizaje, lo ven como degeneración, o ambigüedad no soportable de género (Buttler 1999:15). Esta postura se materializa en el rechazo a toda definición identitaria y en el lenguaje que juega con el escándalo de las categorías y cruza los límites de lo definible con voz desafiante, como en el poema "Soy" de Susy Shock, perteneciente al su *Poemario Trans Pirado* (2011):

> Qué soy? ¿Importa?/[…] "Soy arte", digo,
> mientras revoleo las caderas y me pierdo entre
> la gente y su humo cigarro y su brillo sin
> estrellas y su hambre de
> ser./Travesti/outlet,/[…] Se me salió un
> taco,/se me corrió el rímel,/se me atascó la
> voz,/pero nunca el sueño./[…] cada "Noches
> Bizarras" crecemos y no importa qué somos, si
> alcanzamos a poder serlo… el resto es
> máquina/y yo no.

La juguetona ambivalencia irrumpe también en la figura de "La Madonna" (Lemebel, 1996), lx únicx travesti que se atrevió a posar desnuda durante el movimiento de resistencia cultural en plena dictadura de Pinochet, en el que se realizó una parodia de Broadway "en el barro de la sodomía latinoamericana, [como] mascarada errante en el puterío anal de Santiago" (35-36). El sentido político de esta performance, bajo el imperio de un estado terrorista que pretendía extirpar toda anomalía del tejido social, alcanza su punto culminante en el video que lleva a cabo Madonna ocultando su miembro entre las nalgas con la técnica del "candado chino del mundo travesti que simula una vagina echándose el racimo para atrás" (36). Esta cobertura exhibe su indecisión a lo largo del video por el ocasional desborde de lo oculto no previsto en la pose, que remedaba risueñamente ciertos clichés del erotismo femenino (77-78). El video de Madonna propone un juego seductor y desafiante que mezcla erotismo y obscenidad, femenino y masculino, y en ese pasaje exhibe el carácter político de la performance, porque oculta y hace público lo íntimo, como exterioridad que tensiona la decisión sobre el género. En ella la carne exhibe su rebelión.

La imagen travesti, y los imaginarios que lo invisten adquieren consistencia en el *cuerpo* de las crónicas de Pedro Lemebel, y la *materialidad carnal* se convierte en territorio privilegiado para desnaturalizar el funcionamiento de las normas en el continuum que establecen los relatos, fragmentarios, y las descripciones contextualizadas históricamente (dictadura, posdictadura o concertación democrática, democracia neoliberal) que van trenzando una narración colectiva paradójica. El oxímoron que construyen los cuerpos revela que el carnaval puede ser un acto de resistencia y, al mismo tiempo, servir como dispositivo de complicidad no asumida con el poder. En muchas crónicas, se vuelve indecidible la frontera entre el gesto rebelde de la loca y la aceptación del orden impuesto por la dictadura, que la ubica en el lugar de lo marginal rechazado, la prostitución y la mujer objeto.

Una de las narraciones, "La Regine de Aluminios El Mono" (1994:25-31), presenta las contradicciones que agitan el mundo coliza que construye Lemebel, a partir de la confusión y del borramiento de límites entre el cuerpo travesti y el cuerpo de los "pacos", y entre lxs cuerpos exánimes de lxs amantes después de una noche de alcohol y sexo, y lxs cuerpos violentados y convertidos en cadáveres por el terrorismo estatal. En la carne de la escritura se confunden los cuerpos desafiantes y los cuerpos disciplinados, las víctimas y los victimarios, los cuerpos gozosos y los cuerpos muertos. Se mezclan, como carne inerme colonizada por la dictadura que los sodomiza, los tortura y los aniquila por igual. Así, el prostíbulo travesti y el de la nación prostituida cruzan sus espacios y su violencia, en el conventillo de *la Regine*. Allí, como en un caldero donde todo se cuece y homogeniza, el calor del deseo y la orgía desencadenada por el alcohol diluyen el límite entre lo individual y lo colectivo, entre los cuerpos presentes de lxs muertos por SIDA y lxs desparecidos por la dictadura, estableciendo una secreta y siniestra confraternidad entre unos y otros.

> La luz pálida del alba entraba por las ventanas evaporando los pétalos de la orgía. Por todos lados colillas de cigarros y vasos a medio tomar. Por todos lados fragmentos de cuerpos repartidos en despelote sodomita. Un abrazo aceitunado, un estómago, una pierna en el olvido de la encajada. Un torso moreno con el garabato de la loca derramada en su pecho. Unos glúteos asomados por el drapeado de las sábanas, goteando el suero proletario de la tropa. Una mano abierta que soltó la matraca para agarrar algo, y se quedó hueca y muerta en el gesto vacío. Pares de piernas trenzadas, sobajeando, la lija velluda del mambo culeante. Así, restos de cuerpos o cadáveres pegados al lienzo crespo de las sábanas. Cadáveres de boca pintada enroscados a sus verdugos. Aún acezantes, aún estirando la mano para agarrar el caño desinflado en la eyaculación de la guerra. Aún vivos, incompletos, desmigados más allá de la ventana, flotando en la bruma tísica de la ciudad que aclaraba en los humos pardos de la protesta (29-30).

El centro del relato está dado por la historia de Regine, una travesti con SIDA que regentea un prostíbulo al que concurre una patrulla militar de la dictadura en busca de desahogo sexual, comida y diversión, y Sergio, un "milico" que odia la fuerza que integra y era su amante oficial pero, por una cuestión de machismo, se negaba a "encularse a un maricón" (27). Entre los avatares de este amor platónico y doméstico, hecho de conversaciones íntimas, intentos de seducción fallidos y cuidados casi maternales, que solo se materializa sexualmente cuando Regine está punto de morir (un preservativo usado que se halla debajo de la cama hospitalaria, es su metonimia), aparecen, como telón de fondo, las protestas ciudadanas, y la violencia represiva ejercida, en tiempos de Pinochet, por su brazo armado, la gendarmería.

Como una isla luminosa negadora del mundo de muerte y represión que la rodea y que el relato cita en cada gesto de sus personajes, "la capilla sixtina de la sodomía" (27) resplandece en medio de la oscuridad del apagón, la protesta, el ruido de disparos, los gritos y el ulular de las ambulancias. El deseo sexual y la bebida amortiguan los recuerdos y las imágenes aún vivas de los cuerpos muertos que cada militar lleva, como fantasmas acosadores, consigo. Por eso, al día siguiente de la orgía en la que se disuelve la individualidad de los cuerpos, "La bruma tísica de la ciudad" (30) borra la diferencia entre el afuera y el adentro porque los "fragmentos de cuerpos repartidos en el despelote sodomita." (29) se convierten, por efecto de la hipérbole, en "restos de cuerpos o de cadáveres pegados al lienzo crespo de las sábanas. Cadáveres de boca pintada enroscados a sus verdugos" (30).

El cuerpo que escandaliza los órdenes del género y sufre la violencia del estigma social, se entrega, sin embargo, gozoso y ciego a la caricia de los homicidas para olvidar como ellos, en la complicidad de la noche y el alcohol, la presencia de la muerte. Esos cuerpos, en "La noche de los visones" (1996:11-23), se vuelven jeroglíficos en los que se puede leer la relación entre neoliberalismo y dictadura, que funcionan como dispositivos de producción de cuerpos colonizados por el SIDA, en los que se escribe los efectos de la violencia inmunitaria y la pobreza.

> La Chumilou era brava decían las otras travestis. [...] Ella era la preferida, la más buscada, el único consuelo de los maridos aburridos que se empotaban con su olor a maricón ardiente. Por eso el aguijón sidoso la eligió como carnada de su pesca milagrosa. [...] Por golosa, no se fijó que en la cartera ya no le quedaban condones. Y eran tantos los billetes, tanta plata, tantos dólares que pagaba ese

gringo. [...] Eran tantos sueños apretados en el manojo de dólares. Tantas bocas abiertas de los hermanos chicos que la perseguían por la noche. Tantas muelas cariadas de la madre que no tenía plata para el dentista [...] eran tantas deudas, tantas matrículas de colegio, tanto por pagar [...] Entonces la Chumi cerró los ojos y estirando la mano agarró el fajo de billetes (18-19).

En otros de los pliegues del tejido que va trenzando unos cuerpos con otros y disolviendo límites, la crónica "Los mil nombres de María Camaleón" (1996:57), narra el movimiento de fuga con el cual las locas erosionan el relato identitario que se les impone desde el nacimiento a través del nombre-ley del padre. La pluralidad de *sobre-nombres*, otra forma del exceso y la cobertura del disfraz, determina una errancia que en sus espejeos carnavaliza las determinaciones sociales y culturales que dictaminan: un nombre-un sexo-un género-un rol-un sujeto. El apodo se convierte en un modo de coagular por un instante los posibles devenires de una identidad que funciona según la ley de los sistemas caóticos: basta que una variable cambie para que el sistema se desarme y rearme con otros sentidos.

La inestabilidad estructural subraya que nombrar y renombrar es des-etiquetar, fugarse, desmarcarse, fluir, reírse del estigma, organizar redes donde los itinerarios se cruzan en un movimiento de convergencia que necesariamente lleva a la disyunción y al nuevo recorrido. Ese acto provisional, juguetón, puede copiar en clave de paródico homenaje el nombre de una diva (Madonna), fundarse en un estado anímico (Desesperada), en un rasgo físico que cobra relevancia momentánea (Poto), en un recuerdo, en un modo de tocar y ser tocado (La Pinche), o en la decisión de tomar con humor el síndrome de inmunodeficiencia adquirida (Zoila-Sida).

El apodo abre la posibilidad de una metalepsis en la que se borra la diferencia entre original y copia, entre ilusión y realidad. De este modo, en lugar de sustantivar la identidad, teje un relato de sí abierto a todos los posibles, como significante en deriva: *La Deseperada, La cuando No, La María Silicona, La Lola Flores, La Loca del Pino, La Cola de Rincón, La Coca Cola, la Pinche, La Totó, La Tacones Lejanos, La Multimatic, La Patas Verdes, La Frunci, La Poto de Palo, La Wendy, La Burger Inn, La Prosit, La Frun-Sida, La Zoila-Sida, La Sida Frappé, La Depre-Sida* (1996:60-61).

Los sobrenombres funcionan como detalles de una totalidad mutante y multiforme. En ellos se espejea la desarticulación de los cuerpos, sus cambiantes trayectorias, su carácter de *collage* caótico, de marquetería neobarroca. La capacidad transformista exacerba su propia lógica en la mirada deseante del cronista, estableciendo un ir y venir erótico, voluptuoso entre *discontinuidad-fragmentación-detalle-continuidad*, que el discurso marca con una sensualidad extrema a partir de la cual se pone en práctica un *cuerpo sin órganos* (Deleuze-Guattari). Este cuerpo desarticulado, en el descaro provocador de la loca, goza corriendo los límites de lo llamado pornográfico, para cuestionar la categoría, y deviene *órgano sin cuerpo* apoderándose de la mirada que se vuelve objeto de las imágenes y no sujeto que mira[15].

> Extremidades enlazadas de piernas en arco y
> labios de papel secante que susurran [...] Y ahí
> en plena humedad, le enciende la selva rizada
> del pubis, chupándole con lengua de lagarto sus
> cojones de menta. [...] otros hombres que
> serpentean los senderos como anacondas
> perdidas, como serpientes de cabezas rojas que
> reconocen por el semáforo urgido de sus
> rubíes. [...] pene a mano, mano a mano, pene
> ajeno, forman una rueda que colectiviza el

---

[15] Pascal Bruckner y Alain Finkielkraukt (1988) señalan, en relación a la pornografía, pone en primer plano partes anatómicas (labios, genitales, ano, axilas, etc.) y que borran el cuerpo. "El erotismo disciplinario desemboca en la pornografía pangenital en la que el cuerpo orgánico está suplantado por órganos sin cuerpo"(68).

gesto negado en un carrusel de manoseos
(Lemebel, 1995:11-13).

El discurso, en la sinécdoque del detalle que separa el cuerpo y autonomiza sus partes para desarticularlo, está regido solo por la ley de la intensidad del deseo. Constituye una desenfrenada narrativa que impone un verosímil caótico y mutante para desorganizar la coherencia del cuerpo textual. Las manos, como las metáforas y los neologismos, crecen en protagonismo y ocupan todo el espacio del cuerpo; devienen animales deseantes que recorren la piel y la hoja en blanco, con impulso erótico para escribir un modo de fusionar los cuerpos. Así, se deslizan sobre la superficie de la carne otra y la escriben con un gesto de apropiación-desapropiación, a modo de mano-araña-tarántula-escualo-lagarta-gaviota-champú-geisha-bálsamo. De esta forma, se diluyen las diferencias yo-tu, y se borran las imaginarias fronteras entre un cuerpo y el otro en un gesto político que pone el acento en la continuidad de la carne que crea pasajes y fusiones restaurando los meandros de un cuerpo social precapitalista, donde lo individual se difumina como en el carnaval del medioevo.

El ojo del cronista se derrite en la contemplación caliente de los cuerpos, y contamina la lectura con un deseo que descuartiza la carne, recorta segmentos y los re-des-articula en un quiasmo inorgánico donde, por acción del lenguaje, se pierde la diferencia entre la mirada y lo mirado: "el pellejo morocho", "la selva del pubis", "la caverna submarina", "la mano hambrienta", "el racimo", "la boca coliza", "la guagua boa", "la boca-loca", "la carne erizada", "el cuerpo de cisne moreno", "el sexo roto" (Lemebel, 1995, 1996, 2002, 2004). El cuerpo se practica como "cuerpo sin órganos", porque es un programa, una agencia que erosionan la idea de sistema cerrado e interviene la norma, abriendo la corporalidad y decretando la obsolescencia de lo individual. Como por efecto de una lanzadera enloquecida, la carne se ondula en un vaivén que teje y desteje las momentáneas configuraciones del entramado corporal y textual que se vuelve contínuo e inextricable (Deleuze-Guattari).

Masturbaciones colectivas reciclan en
maniobras desesperadas los juegos de infancia;

> el tobogán, el columpio, el balancín, la
> escondida apenumbrada en cofradías de
> hombres que con el timón enhiesto, se
> aglutinan por la sumatoria de sus cartílagos. Así
> pene a mano, mano a mano, y pene ajeno
> forman una rueda que colectiviza el gesto
> negado en un carrusel de manoseos, en un
> 'corre que te pillo' de toqueteo y agarrón. Una
> danza tribal donde cada quien engancha su
> carro en el expreso de la medianoche,
> enrielando la cuncuna que toma su forma en el
> penetrar y ser penetrado bajo el follaje turbio
> de los acacios (Lemebel, 195:12-13).

En los relatos de Pedro Lemebel, los cuerpos travesti constituyen un espacio heterogéneo y sin límite afuera-adentro, en el que se entretejen materialmente la anatomía coliza, los imaginarios, las fantasías y las pasiones individuales y colectivxs. Desde este punto de vista, la carne funciona como una *heterotopia de desvío* y constituye un territorio concreto, que impugna, suspende o invierte los emplazamientos y lugares fijos que se establecen en la sociedad como dispositivos de condicionamiento y normalización. Las heterotopías son espacios localizables, materiales, que están fuera de todos los lugares cristalizados. A diferencia de las utopías, no-lugares por definición, que nacieron del cuerpo para refutarlo[16], hacen concreta y efectiva la dimensión de lo utópico en la materia carnal ya que todo lo que toca el cuerpo inscribe en él un *fuera de lugar* (el deseo, lo sagrado, lo secreto), y establece un pasaje hacia *lo otro*. Por eso, las máscaras, el maquillaje, los disfraces, las pelucas son actos utópicos que *encarnan* aquello que se pensó para liberarse de la materialidad corporal y, en este sentido, liberan al cuerpo de las determinaciones sociales,

---

[16] Señala Michel Foucault (1994, 7 y ss.) que el alma fue una de las primeras utopías contra el cuerpo que se creó. Considerado una *topia* despiadada, un lugar irremediable al que se está condenado, fue necesario crear un lugar fuera de todos los lugares donde fuera posible tener un cuerpo sin cuerpo, bello, transparente, luminoso, etéreo, incorpóreo, inmortal.

culturales, jurídicas, y biológicas naturalizadas que lo transformaron en un peso, una cárcel o un espacio en el que el poder borda sus controles y determinaciones (Foucault, 1994).

Así, en la crónica "El último beso de Loba Lamar" (1996: 41-53), la narración se centra en las operaciones irreverentes de "artesanía necrófila" que las locas llevan a cabo sobre el cadáver de una travesti muerta por SIDA, como último homenaje a su deseo utópico de permanecer en el recuerdo "diva por siempre". Por eso, la escena última de su trayecto por la vida se convierte en un ritual de pasaje que anula la pobreza, los condicionamientos sociales y las determinaciones físicas, a través de la construcción de una imagen triunfal paródica que instala en el escenario de su carne iridiscencias hollywoodenses. El cuerpo presente, ese espacio liminar entre la vida y la muerte, se transforma en un punto de fuga a partir del que se escribe el cierre glamoroso de un relato de reconstrucción, ejecutado en clave de *tour de force* manierista, como *trompe l'oeil* dibujado con violencia.

El cuerpo de Loba Lamar funciona como dispositivo de visibilidad estético que metaforiza la ambigüedad de toda intervención transformadora sobre la carne, las pasiones y las imágenes. Confirma la potencia liberadora del deseo que convierte al cuerpo en heterotopía pero, al mismo tiempo, la objetivación de la carne, su uso como cosa reformable, diseñable, producible. Acto ambiguo de sumisión al modelo mercantil de la diva y utopía encarnada, las tecnologías de género que ponen en marcha sus amigxs travestis producen un corrimiento en los límites de lo posible y, al mismo tiempo, metaforizan los procesos de disciplinamiento característicos de la anátomo-política, a través de los cuales la sociedad construye subjetividades y corrige los cuerpos, mutilando o borrando lo que resulta no-conforme al modelo normativizado.

> Mientras embetunaban el cuerpo con cera
> depilatoria hirviendo para dejarlo lampiño
> como teta de monja. Al tiempo que una le hacía
> la manicure pegándole caracoles y conchitas

> moluscas como uñas postizas, otra le aserruchaba los juanetes y callos, descamándole el piñén calcáreo de las patas. [...] Entonces, le sacaron la amarra de la cara para maquillarla, y felices se dieron cuenta de que la presión del pañuelo en la barbilla le había cerrado la boca hermética como una cripta. Pero al tensarse el músculo facial, los labios apretados de la Loba comenzaron a dibujar la macabra risa *post mortis*. Ay no, gritó una de las locas, mi amiga no puede quedar así, con esa mueca de vampiro. [...] No se preocupen dijo la Tora bufando, a mí no me la va a ganar. Entonces [...] de un brinco se encaramó sobre el cadáver agarrándolo a cachetazos. Paf, paf, sonaban los bofetones de la Tora hasta dejarle la cara como puré de papas. Entonces, levantó su manaza, y con el pulgar y el índice, le apretó fuerte los cachetes a la Loba hasta ponerle la boquita como un rosón silvando. Chúpese las muelas mijita, chúpese las muelas como la Marilyn Monroe, le decía (46-7).

En el polo negativo de los procedimientos de transformación, el cuerpo se vuelve materia inerte sobre la cual se reproduce el gesto cartesiano de dominio, violentándola a través de la concreción de una operatoria en la que se vuelven difusos los límites entre deseo y norma. De la misma manera, en dos narraciones argentinas de carácter testimonial, que colocan en el centro la figura marginal travesti, *Mora una confesión* de María Maratea y *La constitución travesti* de Sebastián Duarte, el bies cruento de los procedimientos a través de los cuales "se arma un cuerpo de mujer" de acuerdo a la ley de la oferta y la demanda, pone en descubierto la situación laboral precaria que impone la prostitución y la falta de un sistema de salud estatal que respete el deseo de transformación y provea a lxs *trans* de los medios materiales para no tener que recurrir a operaciones clandestinas que ponen en riesgo su vida. (Duarte 115)

La estrechez económica que caracteriza el mundo de la prostitución travesti lleva a la modificación de los cuerpos con el uso de una serie de tecnologías agresivas, en consonancia tanto a la percepción de sí como mujer que tienen, como a las exigencias del mercado del deseo masculino: inyecciones de silicona industrial tóxica debajo de la piel, proceso de fijación de límites a la fluidez de este tipo de silicona hasta que se encapsule, para simular una prótesis mamaria, ataduras con elásticos gruesos que dividen los pechos y los sostienen por debajo y en las axilas; redefinición cruenta con una cuchara caliente o una botella, de los límites entre mama y mama cuando, por no haber dejado el tiempo suficiente las ataduras, las protuberancias creadas por estos materiales vuelven a juntarse, procedimiento que produce serias quemaduras en la piel (Maratea 33).

La transformación del cuerpo por medios violentos, sin embargo, no solo ocurre en la clandestinidad. Las llamadas *cirugías estéticas* concretan un proyecto que tiene como finalidad adecuar los cuerpos, siempre inadecuados respecto del ideal, a un proceso de cambio, que aliena el deseo de autoconstrucción en pos de una utopía de mercado que crea formas estandarizadas. La mano del cirujano, con un propósito estetizante o corrector, corta, arranca e implanta materiales de origen humanos o prótesis sintéticas, y transforma la diferencia corporal en modelo reproductivo. Paula Sibilia (2006) señala que aún los procedimientos quirúrgicos más sofisticados implican procedimientos sucios, invasivos, cruentos y dolorosos, que se ocultan tras el resultado final y la imposición de la idea de que es una técnica limpia y aséptica, pero las marcas de la violencia quedan escritas en el cuerpo a modo de inflamaciones, cicatrices y moretones. La investigadora argentina lee, en este tipo de intervenciones, el funcionamiento del mito fáustico de la tecnociencia que ha impuesto la idea de que "una buena gestión de sí" permitirá superar cualquier problema ocasionado por la condición carnal. Así, se produce una inversión de la trayectoria en los recorridos de la mano deseante y en devenir animal del travesti que se enajena, y sede su potencia creadora a la mano adiestrada y racional del cirujano, para que produzca cuerpos y órganos en serie, según la moda del momento y al precio que el mercado impone.

El mundo coliza de Santiago, constituido tanto por las locas pobres, como por las de medio-pelo, y las regias del Coppelia y la Pilola Alessandri (1997:12) que asisten al fin de los sueños de la Unidad Popular a fines del '73, cifra el poder revulsivo de sus cuerpos travestidos en la construcción de una imagen no conforme respecto del modelo ideal de las divas, ya que está marcado por la escasez y el rostro mapuche. En el otro extremo, el Olimpo Gay del Primer Mundo con su "potencia narcisa" de piel blanca y perfumada, es presentado, en las reflexiones siempre críticas del cronista, como reproducción del arquetipo helénico cuyo original eran los semidioses griegos, a los que emulaba un "fisiculturismo extasiado en su propio reflejo" (Lemebel, 1996:53). El *body building* gay es visto como proceso de alienación en el ideal impuesto por el mercado de los fármacos y los cuerpos sanos y perfectos.

Cuerpos infectados y tanatopolítica

La diferencia que plantea Lemebel entre el cuerpo de las locas y el modelo homosexual del Norte (1996:53), enmarcada en plena dictadura, tiene carácter subversivo porque pone en primer plano el excedente travesti, en el que se cruzan la marca de la educación viril de los gestos con la puesta en escena femenina exagerada. Esa marca postula una oposición con respecto al estereotipo de masculinidad homosexual neoliberal importado, en el que se evidencia la irrupción de un nuevo estatus social, el acatamiento exterior de la norma de la masculinidad, y la complicidad con los poderes (1996:22).

En el relato que construyen las crónicas no es solo la pobreza carnavalesca del loquerío y su falta de cuidado ("La noche de los visones", 1996), la que origina el síndrome de inmuno deficiencia adquirida sino que éste llega a través de los "Apolos" foráneos, certificando que para los destinos minoritarios marcados por la pobreza y la exclusión, neoliberalismo, SIDA y dictadura potencian las formas de un mismo destino de muerte. En una sociedad dividida en dos razas, el poder dictamina qué parte se debe conservar para proteger la vida, y qué parte debe ser eliminada. Las crónicas fundan una memoria subterránea que al hacerse visible desnaturaliza la irrupción del SIDA y le quita la connotación religiosa y moral que lo presenta como castigo por desenfreno sexual, o el efecto de un proceso de degeneración antinatural.

El itinerario vital de las locas y las reflexiones de Pedro Lemebel que les da un anclaje, vinculan la enfermedad que diezmó al gueto coliza con la política del proyecto económico que impuso Pinochet. En la escritura, pobreza y diferencia se vuelven signo de marginalidad y enfermedad. La decisión soberana del poder remediaba con exclusión o muerte los síntomas de anomalía social. En este sentido, en el relato-memorial sobre las primeras locas muertas por SIDA, *Loco afán*, se hace visible la contracara narrativa complementaria de las ficciones sobre la pandemia zombi de la cultura de masas estadounidense: en ambos casos una parte de la población es afectada por los experimentos de la ciencia, convertida en no-sujeto de derecho, condenada a una vida precaria y expulsada a la exterioridad como anomalía peligrosa. Locas y zombis son parte de la misma carne desechada, desplazada de *bíos* a *zoé*, en la que se inscribe la violencia de la historia sometida a los designios del poder soberano.

Sin embargo, existe una diferencia. En las series y films canónicos sobre los muertos-vivos, la perspectiva narrativa es la de la parte "sana" de la población. Por eso, estos relatos se centran en las estrategias bélicas que deben desarrollar los "seres humanos" para sobrevivir y llevar a cabo la destrucción de la amenaza zombi. Allí, aparece en toda su crudeza la metáfora de una guerra de "razas" darwinista, en la que se exacerba el instinto primario e individualista de la sociedad occidental para sobrevivir. Por el contrario, el punto de vista de las crónicas de Lemebel se ubica en el lugar de los que no entran en ninguna cuenta ni distribución de lo común y, así, opone al gesto autoritario, silencioso y oscuro de un régimen totalitario que decide quién muere y quién vive para proteger a la sociedad, los brillos de una narración centrada en la exuberancia y el derroche, el griterío chillón de las plumas, el glamour barato, el maquillaje extremo y un imaginario erótico en clave zoológica que subraya el nomadismo del devenir animal como signo de diferencia. Por eso proliferan, en el relato, no las armas de guerra, sino las formas vivas y mutantes: el "aleteo trashumante", el "pájaro Lorqui-ano de Federico", el "mariposón", el "nacarado camaleón", la "ponzoña de crótalo", o la "baba de caracol en terciopelo negro".

En el mundo coliza, la vida se construye en el escenario de la carne como una representación extravagante y carnavalesca de la miseria, la exclusión, la violencia, la falta de futuro, y la muerte por SIDA tan pero tan triste y melodramática que no puede sino recurrir al humor y la distancia irónica para narrarse, lanzando el guante de desafío a la pacatería que fija las normas y el lenguaje del tratamiento del tema "serio", como se evidencia en el relato del último deseo de la Chumi:

> Solamente quiero que me entierren vestida de mujer; con mi uniforme de trabajo, con los suecos plateados y la peluca negra. Con el vestido de raso rojo que me trajo tan buena suerte. Nada de joyas, los diamantes y esmeraldas se los dejo a mi mamá para que se arregle los dientes. [...] No quiero luto, nada de llantos, ni esas coronas de flores rascas compradas a la rápida en la pérgola. [... quiero] velas como en el apagón, tantas como desaparecidos. Muchas llamitas salpicando la basta mojada de la ciudad. Como lentejuelas de fuego en las lluviosas calles. [...] Necesito ese cálido resplandor para verme como recién dormida. Apenas rosada por el beso murciélago de la muerte (1996:19-20).

En las crónicas de Pedro Lemebel que ponen en el centro el cuerpo travesti se inscribe con gesto *camp* la trayectorias de una bio-política negativa que funciona como elemento regulador de la población. La pobreza y el SIDA determinan una unidad inescindible entre cuerpo y destino. Este condicionamiento excede la categoría de clase social, porque como señala Lemebel en el "Manifiesto": "no me hable del proletariado/Porque ser pobre y maricón es peor" (1996:83). Sin embargo a pesar de la marginalidad, la pobreza y la muerte, estos aspectos negativos se solapan e interrelacionan con las fantasías de procreación que se concretan en la vida del loquerío con la marca de lo fallido ya que, más allá del deseo, los cuerpos travestis solo pueden dar a luz "un pirigüín detenido en su metamorfosis" (Lemebel, 2008b:18), el signo positivo del síndrome de la inmunodeficiencia adquirida que se experimenta como fantasía trastornada de embarazo, "El último beso de Loba Lamar" (1996:44), o como la locura ladrona de "una maternidad eunuca", "Berenice" (1996:166). La esterilidad y el deseo utópico, necesario pero imposible, se oponen así al relato del futuro reproductivo con la marca del niño, de la sociedad heterosexual y logocéntrica.

El SIDA, la dictadura y la posterior concertación democrática neoliberal que emergen como el paisaje histórico de las crónicas, son puestas por Lemebel en la misma lógica excluyente en tanto parte de un proyecto neoliberal. Son algo más que indicadores de violencia represiva, muerte por contagio y enfermedad, funcionan como metáforas bifrontes de los efectos de la política sobre la pluralidad vida. Por ello, en el epígrafe que abre las *Crónicas de sidario* se subraya: "La plaga nos llegó como una nueva forma de colonización por el contagio. Reemplazó nuestras plumas y jeringas y el sol por la gota congelada de la luna en el sidario" (1994:7).

El cuerpo travesti es una de las figuras en las que se escenifica la esterilidad de la historia contemporánea, como corolario del relato *queer* que rechaza todo compromiso con la reproducción del orden imperante: no se puede imaginar un telos o un futuro que no sea la concreción distópica de lo que *ya es*, porque el mundo coliza de las crónicas es un espacio en el que la violencia social escribe el costo de la diferencia y de la falta de derechos. Por eso, la carne es figura de una historia pensada como catástrofe en tanto repetición de lo siempre igual. Sin embargo, en el cuerpo y la praxis de lxs travestis, a diferencia de lxs zombi, que parecen solo anunciar un horizonte apocalíptico, el deseo funciona como potencia transformadora que desafía las normas y condicionamientos, para hacer imaginable y *lo necesario pero imposible*: producir una vida nueva en la que, lejos de toda norma pretendidamente trascendente, se respete la diferencia, de cada ser singular, y no se intente controlar las fisuras de una subjetividad siempre en devenir, con la imposición de un modelo totalitario y cerrado, que excluye o aniquila lo que se le revela como otredad.

El rechazo al futuro reproductivo, simbolizado en los imaginarios sociales con la figura del *niño* que alzan como estandarte los grupos *queer* debe leerse como una negación radical de la política del consenso que estructura y legitima el orden existente basado en la heteronormatividad. Decirle "No" al mundo que debe heredar el "niño" del mañana es elegir la exterioridad respecto de lo dado, es decir, situarse en un lugar impensable, vacío, negando la ley de lo simbólico. La *queeridad* figura el lugar de la pulsión de muerte del orden social y elige el espacio de la abyección, y del estigma, con la elección para sí de la palabra con la fue segregada del todo social: *queer* (Edelman 19-20). Esta manera de enfrentar los condicionamientos normativos, se concreta en la postura que sostiene Susy Shock, poeta y artista argentinx, que se define como *Trans Sudaca*, y en el *Festival por la Despatologización de las Identidades Trans*, llevado a cabo en la ciudad de La Plata el sábado 29 de octubre de 2011, realiza una performance en la que lee "Reivindico mi derecho a ser un monstruo y que otros sean lo normal", incluido en su *Poemario Trans Pirado* (2011).

En esta performance, la presentación del cuerpo no emula los resplandores de las divas, ya que se asume en la categoría de *identidad Trans* como un oxímoron que cuestiona y deconstruye todo tipo de coherencia identitaria. Lo que en las presentaciones narrativas del mundo coliza de las crónicas de Lemebel era carnavalización de los binarismos genéricos, de la coherencia género-sexo-anatomía, y el desarrollo de un imaginario indecidible y ubicado en un *entrelugar*, en el texto de Susy Shock se configura como más allá de todo límite, porque se propone como encrucijada de plurales categorías en tensión, por fuera de cualquier tipo de norma o denominación sustancialista, como libertad "equidistante de todo", "ni, ni"

En este sentido, este "manifiesto trans" no espera respuestas de la política, ni busca la integración de lxs minorías, ni un futuro para ellas en el orden social, como reclamaba Pedro Lemebel en su "Manifiesto (Hablo por mi diferencia)" leído ante la izquierda (1996: 83-89). El poema de Susy Shock es una negación que se practica con el rechazo de todo tipo de etiquetas, categorías, leyes, y paternidades o maternidades que provengan del orden heterosexual dominante. En este espacio escriturario que da forma a un cuerpo, solo hay lugar para la acumulación de metáforas extremas en las que se hace carne un imaginario identitario *sui generis* que reivindica la anomalía hija del deseo de asumirse como tal, y no como aceptación resignada del estigma asignado por la sociedad, la cultura o la medicina. Así, el yo vacío y nómade de la enunciación refuta la identidad masculina que la ley le atribuye en el DNI, como subjetividad fundada por la ley, y se declara auto-engendradx, madre de sí mismx, para poner el acento en la idea de ruptura, como elemento constitutivo de un modo de ser y de actuar fuera de todo lugar. Por ello el "ni" se repite una y otra vez para construir la anatomía de un cuerpo sin límites, que no se presenta como "casi" ni como "no tan" mujer, sino que suma posibilidades e imágenes contradictorias y estrafalarias, y rechaza por igual todo tipo de encuadre, etiqueta, o binarismo:

> Yo, pobre mortal,/ equidistante de todo/ yo
> D.N.I: 20.598.061/ yo primer hijo de la madre
> que después fui/ yo vieja alumna/ de esta
> escuela de los suplicios// Amazona de mi
> deseo/ Yo, perra en celo de mi sueño rojo//
> Yo, reivindico mi derecho a ser un monstruo/
> ni varón ni mujer/ ni XXI ni H2o// yo
> monstruo de mi deseo/ carne de cada una de
> mis pinceladas/ lienzo azul de mi cuerpo
>
> pintora de mi andar/ no quiero más títulos que
> cargar / no quiero más cargos ni casilleros a
> donde encajar /ni el nombre justo que me
> reserve ninguna Ciencia/ […] Reivindico: mi
> derecho a ser un monstruo / que otros sean lo
> Normal / El Vaticano normal / El Credo en
> dios y la virgísima Normal/ y los pastores y los
> rebaños de lo Normal / el Honorable

Congreso de las leyes de lo Normal / el viejo
Larrouse de lo Normal / Yo solo llevo las
prendas de mis cerillas/ [...] el rostro de mi
mirar / el tacto de lo escuchado y el gesto
avispa del besar / y tendré una teta obscena de
la luna mas perra en mi cintura / y el pene
erecto de las guarritas alondras / y 7 lunares /
77 lunares / qué digo: 777 lunares de mi
endiablada señal de Crear/ mi bella
monstruosidad / [...] Yo: trans...pirada /
mojada nauseabunda germen de la aurora
encantada / la que no pide más permiso y está
rabiosa de luces mayas/ [...] solo mi derecho
vital a ser un monstruo / o como me llame / o
como me salga / como me pueda el deseo y la
fuckin ganas / mi derecho a explorarme / a
reinventarme / hacer de mi mutar mi noble
ejercicio /veranearme otoñarme invernarme /
las hormonas / las ideas / las cachas / y todo el
alma!!!!!!... amén (2011).

Voces y cuerpos

En las crónicas urbanas de los años '80 y '90, la voz itinerante del cronista, un dispositivo estético que Pedro Lemebel define como *calidoscopio oscilante*, organiza un modo de hacer visible el mundo coliza que tiene el signo del maricabje guerrero y la figura escandalosa de las locas. Los desplazamientos de este modo de narrar se inscriben en lo que se denomina *fuzzy logic*, es decir, un pensamiento complejo que no opera por simplificaciones ni binarismos, y tiene en cuenta solo el multivalor y la multiplicidad (Fischer Pfaeffle 14). Por esta razón, el uso de la *tercera persona testimonial*, del "Yo" autoficcional, o del *nosotros* que define la pertenencia a un colectivo, surge como práctica narrativa alternativa y simultánea según los relatos. Es una *manera de hacer* que da forma a los rituales, las prácticas, las historias, los cuerpos, y las escenas del mundo coliza iluminado por las luces de la tragicomedia bajo la ley del desmarque de toda ley.

El gueto travesti, durante la dictadura de Pinochet y la Concertación democrática, exhibe la cuádruple marginalidad social que lo determina: la pobreza, la prostitución, la homosexualidad y el SIDA. Sin embargo la voz narrativa deshace estas determinaciones, a través de un movimiento que va del relato distanciado e irónico, y el testimonio carnavalesco, "el loquerío está que arde en la Divine, batiendo las caderas al son fatal de la Grace Jones" (1995:84), al *nosotros*, entre afectado y ácido, con el que el narrador se incluye en la experiencia de las locas, en tanto allegado[17], "Y en ese río de llantos vimos partir a nuestra amiga, en el avión del SIDA que se la llevó al cielo boquiabierta" (1996:46); o se vuelve espacio de ventriloquía para que las voces travestis del discurso indirecto libre dejen oír su contradictoria polifonía:

> Este si le queda regio y alcanza a sujetarle las
> mandíbulas antes que se ponga tiesa. Anudado
> en la frente por favor no, que esas puntas se
> ven como orejas de conejo y parece Busgs
> Bunny la pobrecita. Tampoco le dejen el rosa
> en el cuello, como si fuera una campesina rusa
> o como Heydi. Más bien al costado, cerca de la
> oreja, como lo usaba Lola Flores, la Faraona,
> que a ella le gustaba tanto (1996:46).

La voz del cronista abre las imágenes de lxs travestis a la pensatividad, como pensamiento-no pensado por la escritura cuyos itinerantes sentidos el discurso irónico apenas esboza para no cristalizarlos. En las producciones de fines de los años '90 y primeras

---

[17] Los "allegados" es una categoría que Paul Ricoeur define como aquellos que aprueban mi existencia y cuya existencia yo apruebo en la estima recíproca e igual, que implica la afirmación de lo que puede y no puede cada uno, y se concreta como testimonio de sí mismo como otro.

décadas del año 2000, esa voz se convierte en testimonio crítico de la realidad, que cruza las fronteras del gueto para construir un relato sobre la historia social y política reciente de Chile (concertación democrática, gobierno de Piñera) a través de sus personajes más emblemáticos, sin olvidar por ello a las minorías, los excluidos, o la experiencia errante por la ciudad de lxs travestis y homosexuales, a veces demasiado cerca de la cursilería y del mercado como en su novela *Tengo miedo torero* (2002). Se hace frecuente, en este período, la construcción de un *yo autoficcional* que narra los itinerarios eróticos de su deseo homosexual, que no se decide *entre* el uso del femenino y del masculino y transgrede el binarismo genérico. En estas crónicas, el yo se coloca en el centro de la experiencia que narra: "De chicuela nunca fui una belleza" (2008*a*:41) y "Al cruzar la calle, desprevenido como voy habitualmente zigzagueando los ríos arteriales de esta ciudad cada vez más tumultuosa" (2008*b*:201).

El juego con la ambigüedad (varón homosexual / mujer heterosexual), se retoma de diversas maneras, por ejemplo, en el título de otra crónica, "Eres mío, niña", incluida en *Adiós mariquita linda* (2004: 26-34). Allí la ambivalencia se produce con la ruptura de la concordancia entre el posesivo (mío) y el apelativo (niña), referidos al mismo "tú". Se narra, así, una experiencia autoficcional cuyos polos son el deseo sin frontera y el límite que marcan los cuerpos y la edad, que no dejan de someterse a la norma y a los modelos ideales de belleza. La historia gira en torno a la relación nacida entre el narrador y un rapero pobre y adolescente, que se prostituye para ayudar a su madre. Sin embargo, con una vuelta de tuerca transgresora, Lemebel logra sortear el peligro de la cursilería, a la que llevaría una situación social no por cliché literario menos grave en términos sociales y humanos, para centrarse en la complejidad de un vínculo atravesado por la problemática del género. En este sentido, el yo se construye a partir de las confesiones íntimas y tragicómicas de una "maricona vieja y aburrida", cuya condición de "casi mujer" o "no tan mujer" resulta insuficiente para colmar las apetencias sexuales de su joven pareja, una suerte de *taxi boy* vernáculo bisexual, que por las noches sale a buscar mujeres.

> Nunca antes había sacado la semana corrida de lunes a sábado en el dele que suene del ensarte jugoso. Nunca antes, lo juro, y de tanto darle al merecumbe anal me fui quedando abierta, cavernosa y estérea. […] A todo rap, papi, a puro peo le hice la collera al rapazuelo. Y parece que no me fue tan mal en el examen de orquesta, porque al preguntarle al niño:¿qué nota merezco?, el péndex chupando el cigarro con avidez, dijo: un seis y medio. ¿Nada más interrogué con enfado. El siete es para mujeres, broder (2004, 32-33).

En este ir y venir de una perspectiva a otra, sobre todo a partir *De perlas y cicatrices* (1998), la figura de la loca oculta los fulgores de su cuerpo carnavalesco para mimetizarse con los pliegues de la escritura y emerger como frase intencionada, como metáfora enloquecida y proliferante, como tensión del deseo, como roce, como fragmento o detalle corporal escindido, y algunas veces disolviendo su singularidad en la común marginalidad de las minorías innumerables: la niñez prostituida, la pobreza, el mundo homosexual en la vejez, los raros desprotegidos y vulnerables que recorren la ciudad, las mujeres marginalizadas. De esta manera, los cuerpos se multiplican y organizan un colectivo que pone de manifiesto las injusticias de la posdictadura y la naciente democracia que no logran suprimir el darwinismo social que reemplazó al gobierno de la Unidad Popular anterior al golpe.

La historia de Chile se escribe, entonces, haciendo oír las voces y volviendo visibles los cuerpos de los excluidos y la precariedad de sus vidas, en contraste con la indecencia siniestra de los poderosos, provocando una torsión que desarma la distribución de lo sensible policial para instalar con la igualdad una mirada política. El relato del presente que narran, también, Naty Menstrual y Susy Shock en sus poemas y ficciones, es como el Bolívar de Juan Dávila, una historia sexuada y escandalosa, que escenifica el dolor, el estigma, la muerte y la desilusión, con ironía y desenfado y que se detiene en las acciones anti-ejemplares del mundo trans, y pone el acento en la vida cotidiana de aquella parte que siempre queda afuera del reparto pero que, sin embargo, lucha por las transformaciones liberadoras de los cuerpos y de la sociedad, haciendo de la carne escenario y materia de la Historia.

Cuerpos desechables: la carne como estigma de contaminación e inhumanidad.

"Nosotros somos los muertos que caminan"

Rick Grimes

"El mundo contemporáneo es un conteiner lleno hasta el borde del miedo y la desesperación flotantes que buscan una salida.[...] Siempre que el disenso se presenta difusamente y no focalizado, y que reina la sospecha mutua y la hostilidad, la única manera de alcanzar o recuperar la solidaridad comunitaria y el hábitat seguro es la elección de un enemigo común y la unión de fuerzas a través de un acto de atrocidad colectiva que apunta a un blanco común. Solo la comunidad de cómplices puede garantizar (mientras dura) que el crimen no sea llamado crimen y castigado como tal".

Zigmunt Bauman

En el episodio seis de la segunda temporada de la serie *The Walking Dead*,[18] el médico que ha investigado el origen de la *pandemia zombi*, en el contexto de un mundo ficcional postapocalíptico, le dice al oído a Rick Grimes, uno de los personajes centrales, el secreto que lo tortura y lo lleva a planificar para sí y los que lo siguen una aniquilación purificadora. Ese mensaje silenciado será comunicado más tarde por Rick al grupo de

---

[18] La serie de televisión fue creada y producida por Frank Darabont, y está basada en el cómic homónimo de Robert Kirkman (2010-2017), protagonizada por Rick Grimes, un oficial de policía que al despertar de un coma se encuentra con una ciudad repleta de zombis (denominados «muertos-caminantes») y se une a un grupo de sobrevivientes. La historia narra las vivencias de dicho grupo, que no solo se enfrenta a la amenaza zombi, sino a otros grupos de humanos que luchan por subsistir.

sobrevivientes que lidera, y se convertirá en el síntoma inequívoco de la erosión de los límites de la creencia que separa a lxs no muertos de lxs seres humanos: "Todos estamos infectados" (T.2: E.13). La afirmación abre la posibilidad de una primera lectura de carácter filosófico: la vida como camino hacia la muerte, la existencia contaminada por un proceso de descomposición inevitable, no es exclusivo patrimonio de los zombis, el hombre es un ser- para-la-muerte y en lxs muertos-vivos el cuerpo escenifica de modo ostensible el proceso de putrefacción progresiva y acabamiento de la vida al que desde el mismo momento de nacer los seres humanos se ven sometidos.

Pero más que como un problema filosófico, en el cuerpo zombi la materialidad corporal se convierte en un punto de fuga en el que se desatan las paradojas implícitas en los imaginarios sociales centrados en la identidad, sobre aquello que se les aparece como lo más externo: lo otro. La figura de lxs no-muertos materializa el miedo y la paranoia de la sociedad, porque en la carne corrupta, desollada y puesta en primer plano, se objetivan los efectos de las idealidades normativas del mundo actual y las proyecciones negativas que se contraponen necesariamente a esos modelos de perfección de acuerdo a los cuales se programa la vida.

El cuerpo zombi es pura superficie[19], en él no hay adentro ni afuera, todo está a la vista a modo de gradación entre luces y sombras. En todo caso, los efectos *hiperescópicos* (Fernández Gonzalo 59) que provoca el estallido de la cobertura epidérmica, la técnica del desollamiento que pone en escena la obscenidad de los órganos, no es otra cosa que el resultado de un modo de hacer artístico en clave de feísmo *gore*. El juego de contrastes y matices, que crea el maquillaje y los efectos especiales de la industria audiovisual, han ido acentuando de manera progresiva los aspectos más repugnantes, sádicamente truculentos de esa corporalidad

---

[19] En este punto, disentimos con Jorge Fernández Gonzalo quien, en *Filosofía zombi* (56-57) caracteriza el cuerpo zombi como "una interioridad expuesta" otorgando a este constructo cultural una profundidad de la que carece, ya que su carnalidad se podría comparar con la superficie de una pintura hiperrealista. No hay interioridad alguna en el zombi.

que se construye como acumulación de prendas sucias y deshilachadas, purulencias, músculos desgarrados, órganos deshechos, huesos expuestos, cabellos raleados y pegoteados por excrecencias de la cabeza, rostros contaminados de muerte, mirada de expresión perdida, o fragmentos de cuerpos destrozados y con autonomía de movimiento que reptan por el suelo como si tuvieran vida propia. Hay algo del orden de lo pornográfico en la exhibición paradójica de lo orgánico desorganizado en el cuerpo zombi, porque pone en primer plano aquello que debería estar oculto en la "interioridad", y erosiona lo corporal en tanto totalidad coherente, subrayando el detalle y creando el efecto de órganos sin cuerpo..

Todo en la carnalidad del zombi es signo de muerte y abyección, pero, al mismo tiempo, de vida proliferante, descontrolada, insurrecta, que no respeta el límite que se le impone como final definitivo de la existencia. El no muerto muestra una *existencia cruda* (Csordas, 2009), orientada de un modo elemental al mundo, sin conciencia ni voluntad, por eso asocial, e impulsada por un instinto antropofágico, que encarna el absoluto del consumo. Se percibe en ellxs una pulsión de vida que contamina la muerte y la hace, a su manera, imposible, pues borra la diferencia entre los polos de la supuesta antinomia.

La inorganicidad de lxs zombis contemporáneos no solo desacraliza en forma extrema la imagen del cadáver y de la muerte. Muestra el carácter cósico de la carne humana y pone en crisis, por inversión, la imagen corporal ideal que Occidente ha construido como horizonte de belleza humano. En este sentido, muestra el lado oculto de todo ideal y el enorme costo que ha tenido el paradigma del modelo que lo rige, en la medida en que ha producido mitos legitimadores del borramiento de la diferencia, neonarcisimos que bloquean la percepción del otro, producción en serie de hombres descartables, masacres colectivas y víctimas inermes. El cuerpo zombi es la imagen del *desastre* de la civilización occidental y de la carne del mundo convertida en escenario de experimentación y guerra contra un otro absoluto, en el que no puede verse ya ningún rasgo de humanidad, porque lo diferente se ha vuelto indescifrable para lxs seres humanos, unidos por un pacto secreto y criminal contra lo que perciben como ajeno y amenazante.

La imposibilidad de simbolizar la otredad organiza el entramado narrativo de "El último" de Mariano Canal, que cierra con un interrogante *Vienen bajando. Primera antología argentina del cuento zombi* (2011: 56-61). El relato tiene la forma de un diario escrito entre el 25 de abril y el 6 de mayo, y consigna con escrúpulo científico la situación reinante en un país postapocalíptico, que superpone imágenes evocativas de la Argentina de la dictadura (1978-1983) y de la crisis del 2001. La acción tiene como escenario un estado-nación casi destruido en todos sus niveles por los efectos de una pandemia de muertos vivos, cuyo origen es incierto. En el informe, que elabora el narrador por encargo de su superior, se refieren los resultados desalentadores de los estudios que se llevan a cabo en torno al último zombi que no ha sido eliminado todavía.

El punto de vista de la narración se sitúa en una frontera de carácter doble. Geográficamente hablando, la mirada está ubicada en un barco que se encuentra entre el continente y la inmensidad inabarcable de un río del que solo se menciona la orilla que mira hacia la costa del país devastado, ahora convertido en una especie de ruinoso espectáculo. Desde la perspectiva de la posibilidad de conocimiento, el relato solo puede dar cuenta de la imposibilidad de comprender la otredad, siempre en la orilla. Como el Marlow de *El corazón de las tinieblas* (1906) de J. Conrad, el narrador es espectador de una realidad que no acaba de entender ya que su secreto permanece ajeno y le es inaccesible por su diferencia. Por esa razón, solo puede hablar con certeza de la incapacidad del lenguaje, de las mediciones científicas y de los instrumentos humanos para encontrar "el núcleo", lo real, que llene de sentido el vacío de ese cuerpo significante, que está al alcance de la mano, apenas separado por rejas de la jaula en la que se lo ha encerrado, pero que resulta absolutamente inaccesible, porque se sustrae a las normas del discurso de las ciencias, y de todo discurso. Es lo absolutamente in-simbolizable.

En la experiencia fallida que narra el cuento, se hace alusión al antagonismo que define lo real, la imposibilidad del orden simbólico para aprehenderlo ya que está regido por el principio de identidad. La otredad se confirma indescifrable, ajena, es para el sujeto un resto abyecto que evade la ley del lenguaje. La figura del zombi se construye, a pesar de la prisión que lo encierra y del cuerpo que lo encadena a la voluntad de quienes ejercen el dominio, como un enigma inabordable: es pura exterioridad. Su secreto está en los mecanismos que configuran su extrañeza, por eso el yo autoinmunitario y cerrado no puede descifrar el enigma de su opacidad.

Así, frente a la certeza de lo imposible, el personaje central solo puede hablar de su fracaso y su frustración, y abandonar al otro a un destino de muerte, determinado por una sociedad que no deja lugar para lo que resiste su control y no presta utilidad. En el cuerpo prisionero del zombi se escribe la tensión que lo atraviesa como materialidad en fuga, que no puede ser sometida por ninguna biopolítica positiva.

> Me senté en una silla frente a la jaula, mirando esa espalda castigada, ese cuerpo opaco que no decía nada, o que lo decía todo de una forma incompresible.
>
> Antes de irme, antes de cerrar la puerta, levanté la mano y, aunque sabía que era imposible, me hubiese gustado ver que en la oscuridad de la celda ese gesto repercutía, que producía algún efecto. (61)

En la forma del cuerpo putrefacto que caracteriza a los zombis que la ficción ha creado emerge el síntoma, la asimetría patológica que demuestra que el campo de la ideología dominante está sostenido por la creencia en los ideales de libertad e igualdad que solo pueden alcanzar su clausura a partir de un punto de quiebre heterogéneo que niega esa universalidad, y funda una fisura, entre el adentro y el afuera, que resulta necesaria para diferenciar la humanidad y la inhumanidad. Por ello, la frase de Rick Grimes, el protagonista de *The Walking Dead* (2016, T2, E1), "Todos somos muertos caminantes", en este cuento, cobra resonancia de *epifanía*. Deja al descubierto la relación intrínseca que hay entre el sujeto y su *otro*, la *extimidad* que vincula a hombres y zombis (Miller). De esta manera, se tornan evidentes los oscuros pasajes que relacionan *en una misma carne* la vida y la muerte, la normalidad y la anomalía, y el esfuerzo inútil del hombre y la sociedad por negar esa contaminación, para sostener las ilusiones que sus prácticas inhumanas desmienten.

La abyección de lxs no-muertos quiebra la imagen ideal que el hombre y la sociedad tienen de sí mismos, porque lo abyecto nos enfrenta con esos estados disolventes en los que los seres humanos se pierden en los territorios de lo animal. Por eso, las sociedades primitivas delimitaron una zona precisa de su cultura para separarla del mundo amenazador del animal o de la animalidad, imaginados como representantes del asesinato o del sexo. Lo abyecto nos confronta con la propia arqueología personal, con nuestros intentos más antiguos de diferenciarnos de la entidad materna, aún antes de ex-istir fuera de ella gracias a la autonomía del lenguaje. Diferenciación violenta y torpe, siempre acechada por la recaída en la dependencia de un poder tan tranquilizador como asfixiante. (Kristeva).

Por esta razón, la réplica a Rick Grimes de Daryl, otro personaje de *The Walking Dead*, que se niega a aceptar la similitud entre ellos y lxs muertos-caminantes, "No somos ellos" (T2: E10), contrapone a esa certeza fáctica un deber ser, un imperativo ético que la serie irá poniendo en crisis, episodio tras episodio. La conducta del grupo de humanos, a medida que se desarrollan las seis temporadas del serial[20], no hace otra cosa que confirmar aún en sus aspectos más heroicos, y sobre todo en esos aspectos, la secreta forma que identifica al hombre con lxs muertos-vivos. En los diferentes capítulos, hay una puesta en escena creciente de la violencia física y simbólica que en muchos casos se revela como innecesariamente cruel, y en el goce que produce matar porque para lxs hombres dar muerte es una fiesta. Lxs no contaminados a diferencia de lxs zombis, disfrutan al producir sufrimiento o aniquilar despiadadamente al otro, sea muerto-vivo o ser humano. Así sobreviven convertidos en una horda salvaje en la que prima la ley del más fuerte. El límite entre

---

[20] El *corpus* de trabajo está constituido por los episodios que se han estrenado en Argentina a través de Netflix, ya que en Estados Unidos la serie va por la séptima temporada.

civilización y barbarie se vuelve indecidible, y se revela el carácter ficcional de los valores universales en los que se sostiene la humanidad, su cinismo ideológico.

Cuando desaparecen los controles que impone la vida en común por alguna circunstancia excepcional, como la necesidad de sobrevivir en un contexto de extrema hostilidad, o un imaginario mundo postapocalíptico que se plantea como hipérbole no demasiado lejana de lo que ya existe, irrumpe lo abyecto. La horda zombi con su pulsión devoradora aniquila el adormecimiento de los automatismos cotidianos y pone en carne viva, como herida expuesta, inhumanamente dolorosa, no solo sangrante sino en estado de putrefacción, la vulnerabilidad del orden racional del mundo, y las ilusiones que sostienen el funcionamiento del sistema social, a través de la mediación de los mismos tropos con los que se construye el relato de la cotidianeidad: metonimia, metalepsis, oxímoron y antítesis. Así, la potencia zombi que anida en lxs seres humanos sobrevivientes de la serie, no solo se constata en el accionar depredador de cada uno de lxs protagonistas de la historia sino aún después de la muerte, pues se convierten irremediablemente en muertos-vivos, aunque no hayan sido mordidos ni contagiados. Esta situación lleva al grupo protagonista de *The Walking Dead* a un cambio de estrategia: se toma la decisión de destruir el cerebro de todo aquel que muera, para evitar que el virus de la zombificación se active y ellxs mismos pasen a engrosar las filas de los *caminantes*. De modo que la vida y la muerte toman la forma de una cinta de Moebius, sin afuera ni adentro. Los vivos están contaminados inevitablemente por aquello que constituía su exterioridad. La semiótica del zombi es la del desvío, la de la ocultación: se pone el acento en la diferencia para que lo igual quede entre velos (Fernández Gonzálo 7).

La realidad catastrófica que sirve de marco a las diferentes sagas televisivas sobre los muertos-vivos guarda el secreto del surgimiento de los zombis y porque lo difumina con imprecisiones, como si en ellos la causa fuera apenas anecdótica, como si no tuvieran historia, como si no fueran producto del error humano. En los films, historietas y series del género nunca queda claro del todo si el surgimiento de la plaga se debe al desarrollo científico de un virus que se salió de control, voluntaria o involuntariamente, a un accidente nuclear, o a un misterio insondable de la condición humana. Sin embargo, algo resulta evidente, estos seres abyectos no se autoengendraron ni eligieron la anomalía como gesto de rebelión desidentitario, o estrategia de rechazo a lo dado. Son parte de la humanidad, no enviados sobrenaturales del mal ni su encarnación.

Su aparición es el efecto colateral del ideal fáustico inherente a las tecnociencias que se ubican más allá de toda ética, y a la pulsión tanática de lxs seres humanos. Este paradigma ha acentuado los efectos de la reificación de lo corporal. Herminio Martins, un sociólogo y epistemólogo portugués, estableció un paradigma interpretativo para observar los cambios producidos en el desarrollo y de la ciencia y la tecnología usando como metáfora dos mitos occidentales: Prometeo y Fausto, que expresan la fascinación y el temor que la ciencia y el conocimiento producen. La tradición de Prometeo responde al ideal iluminista-positivista, pues así como Prometeo, el Titán, desafió a los dioses para darle a los hombre el fuego, este paradigma muestra la arrogancia de la humanidad que quiere ser igual a los dioses usando saberes terrenales a través de la ciencia, que busca doblegar a la naturaleza en nombre de un bien común y la emancipación del hombre. Esta perspectiva subraya el poder liberador del conocimiento científico que busca mejorar la vida de los hombres, supone un progreso, y que considera que hay límites para el accionar humano, dejando un espacio para el misterio. El ejemplo literario del paradigma prometeico es el Frankestein de Mary Shelley, llamado *El moderno Prometeo*. En esta novela se marcan los límites que no debe sobrepasarse en la experimentación científica. La tradición de Fausto, por el contrario, concreta la falta de límites éticos de la tectonociencia contemporánea. Este modelo pone a la técnica ontológica y conceptualmente por encima de la ciencia. Lo tecnológico y sus avances se convierten en el objetivo central en lugar de la verdad del conocimiento. Por otra parte, en su afán capitalista por explotar la naturaleza y apropiarse de ella, las tecnociencias no aceptan límites. De este modo, se expresa un impulso insaciable que no acepta barreras para los proyectos que siguen los intereses del mercado, sobre todo buscando superar todos los límites que afectan al hombre y a la vida, uno de ellos su condición temporal. Esto se hace posible porque sostiene que los seres humanos son materia manipulable (Sibilia 40-41).

El cuerpo zombi es un producto de la biopolítica. Desde esta perspectiva, la narrativa sobre lxs muertos-vivos permite leer la falsa conciencia característica de la literatura de miedo, que reproduce el modelo preferido de la burguesía y sus fobias respecto de aquello que le resulta ilegible, y oculta el carácter familiar y próximo de lo que postula como siniestro (Moretti). Las sagas zombis muestran el otro lado del control inmunitario de la sociedad para permanecer sana e incontaminada, y los efectos de sus políticas sobre la vida. En el espacio ficcional que diseña el serial, lxs hombres y lxs muertos-caminantes exhiben una idéntica y contradictoria condición, la vulnerabilidad y el potencial destructor, que los coloca alternativamente en el lugar de víctimas y en el de victimarios. Esta ambigüedad funciona como figura mediadora entre la ficción y el relato de horror que escribe la violencia contemporánea, pues hace visible y pensable el estado de indefensión de miles de seres anónimos que soportan la extrema crueldad del presente sin tener parte en ella por propia elección, y como personajes destinados a ser lo otro de la civilización.

El horrorismo es la otra cara de las estrategias de la guerra: las víctimas, escamoteadas, bajo el rótulo de daño colateral (Cavarero). Lxs zombis no eligieron ser combatientes de una guerra que tampoco provocaron. Son la metonimia de las decisiones estratégicas de quiénes ejercen el poder, tanto en el mundo ficcional como en el relato de la realidad. Como lxs seres humanos sin nombre, cuyas imágenes aparecen efímeramente en los medios de comunicación actuales para desparecer rápidamente en el común olvido, y sin que nada sustancial haya cambiado, lxs muertos vivos no encarnan el mal, ni han buscado el rol del enemigo absoluto, son el chivo-expiatorio de lo que el hombre ha hecho para dominar un mundo, que hoy está cerrado y divido por una "guerra de razas" sin cuartel (Foucault, 2003; Esposito, 2004; Bang Larsen). Las imágenes postapocalípticas de la ciudad de Alepo, en Siria, y la figura de los sobrevivientes espectrales que aún la habitan son la imagen más elocuente de los efectos de la inhumanidad del mundo actual y de las contradicciones no asumidas que le dan forma.

El concepto de *horrorismo*, desarrollado por Adriana Cavarero, permite salir del modelo interpretativo de la guerra, para analizar desde otra perspectiva el mundo distópico de lxs zombi. Este paradigma se aparta de la lógica poder-contrapoder, para mostrar que en la guerra no hay violencia legítima cuando se trata de masacrar poblaciones. El relato propuesto en *The Walking Dead*, leído dialécticamente, destotaliza el discurso consensual hegemónico, para develar que, más allá del binarismo amigo/enemigo y de la idea de combatiente heroico/daño colateral, la violencia de la que solo se benefician los que dominan el mundo construye seres *inermes* de un lado y del otro: multitudes vulnerables y masacradas por azar, por el solo hecho de ocupar un espacio en el mundo y vivir en él.

En la dialéctica del poder y la violencia, siempre hay un *resto* de crueldad innecesario, que se materializa en la aniquilación de miles y miles de seres humanos, que el sistema vuelve *desechables*, y cuyas vidas, por eso, se tornan inútiles (Balibar). Esa crueldad excesiva, tiene en el cuerpo zombi y su incesante regreso, el emblema más evidente y siniestro. Sin embargo, a partir de la carne fragmentada y descompuesta del no-muerto es posible imaginar la posibilidad de un futuro ambivalente que tanto puede ser eterno retorno de la catástrofe (no hay manera de destruir definitivamente a los zombis, ni eliminar la violencia del mundo humano), o potencia utópica sin rostro para recomenzar a partir de la nada (destruirlos significa eliminar todo lo que queda vivo). En este sentido, la figura de lxs muertos vivos se vuelven pregunta indecidible lanzada al futuro que se perfila como lo siempre igual o como vacío potencialmente utópico: " El zombi empuja un horizonte de tiempo vacío delante de él, ya sea que el tiempo sea mesiánico o apocalíptico, se mantiene en suspenso. O bien, el zombi representa el grado en el que somos incapaces de volver a imaginar el futuro. Entonces la pregunta es: ¿Cómo se puede mirar por encima de su hombro? ¿Qué raza del futuro se produce después de los zombis? ¿Cómo canibalizar la auto-canibalización?" (Bang Larsen 2011: 11).

En el análisis de la figura del no muerto que lleva a cabo Lars Bang Larsen, el género gótico, en el que se inscriben los relatos de no muertos, se considera una figuración negativa de la historia. Señala el crítico que "[el] gótico, entendido como la reactivación de los estilos de la Edad Media, es la representación teatral del afecto negativo que emana de un drama organizado en torno al poder, una dialéctica pesimista de la Ilustración que muestra cómo la racionalidad se despliega en la barbarie y en la esclavitud humana" (2). Por esto, su artículo intenta quebrar ese horizonte negativo, para poner el acento en el carácter ambivalente de la figura del zombi que desautoriza toda interpretación simplista o unilateral.

En efecto, en los diferentes ensayos sobre lo que se podría denominar *el fenómeno Z* se ha intentado cristalizar una única interpretación la figura del muerto-vivo, como parte de una disputa académica sobre el sentido. En estas lecturas, el fundamento del significado de la imagen del no muerto sería aquella implícita en la "intención autoral" o en el contexto de producción. Así, se relaciona el film *La invasión de los ladrones de cuerpos* (1956) de Don Siegel con el miedo a la penetración comunista, característico del maccarthysmo (Martínez Lucena, 2008); o se establece un sentido preciso para cada uno de los films de G. Romero: *La noche de los muertos vivos* (1968) es la expresión de las consecuencias sociales y humanas de la guerra de Vietnam; *El amanecer de los muertos vivos* (1985), la metáfora de la alienación en el consumo; *La tierra de los muertos* (2005) la ilustración de la lucha de clases (Serrano Cueto). Algunos, basados en la saga de este último director, siguiendo a Hanna Arendt y a Zygmunt Bauman, leen la problemática que se plantea de manera metafórica como la concreción de la sustitución de las categorías morales (inocente / culpable) por las biológicas (fuerte / débil-decadente) que opera el totalitarismo como estrategia de dominación, o la proyección de imaginarios negativos, propios de la sociedad de consumo, en los marginados y los excluidos (Martínez Lucena & Barraycoa Martínez).

Al igual que el vampiro, con el que guarda vínculos desde el primer film de G. Romero (1968), el no-muerto es una figura transgresora que rompe las reglas habituales de funcionamiento y de significación del monstruo gótico, situándose en un *entrelugar* porque no puede ser separado por completo ni de la naturaleza y ni de la cultura, ni del contrato social, ni de la guerra, que establece las relaciones entre ciudadanos y estado. Este estar adentro y afuera, al mismo tiempo, erosiona toda frontera, concebida como límite, y pone en crisis las categorías morales, filosóficas, estéticas y políticas con las cuales se define la otredad que el no muerto encarna. En este sentido, la *metalepsis* como sucede con lxs travestis, es una de las figuras que mejor interpreta la mediación que la materialidad corporal del no-muerto lleva a cabo entre los idelogemas de las narrativas del mundo ficcional postapocalíptico en las que surge y las contradicciones de los discursos sobre la otredad que circulan en la contemporaneidad.

La serie *The Walking Dead* recicla, en clave de cultura de masas televisiva del poscapitalismo avanzado, la figura del zombi creada por George Romero en los '60, y, en este sentido, permite reconocer las transformaciones históricas que la afectaron. La anatomía de lxs muertos caminantes en el telefilm responde a un modelo canónico que, sin embargo, fue distanciándose cada vez más de la figura humana que tenían lxs zombis del mito haitiano y las primeras películas que lo recreaban. Los zombis de la serie se caracterizan por exhibir un cuerpo cadavérico, incompleto y putrefacto.

Los vacíos y zonas de ruptura de la superficie corporal exponen a la mirada diversas capas de órganos sanguinolentos y en estado de descomposición a manera de amasijo informe. En su funcionamiento existencial no tienen conciencia ni memoria, por eso no pueden recordar su identidad. Esto los convierte en seres doblemente anónimos y alienados: no saben quiénes eran y no saben en quiénes se han convertido, tampoco si están vivos o muertos. Por otra parte, no reconocen vínculos familiares ni afectivos, y emiten sonidos guturales, indescifrables para el hombre. Si bien se desplazan en grupos como una multitud sonámbula y extraviada mentalmente, no tienen ningún tipo de conexión entre sí. Caminan con dificultad y lentitud. Son atraídos por el olor que producen lxs seres humanos, el movimiento, el ruido o la música. No comen para alimentare, pero tienen un instinto antropofágico feroz e insaciable que, además, les permite reproducirse de modo asexual, ya que contagian a sus víctimas con la mordida, y despiertan en ellas la no muerte latente.

Lxs muertos-vivos de la serie *The Walking Dead*, en una coyuntura marcada por el paradigma de la seguridad nacional y la hegemonía del neoliberalismo occidental, son el síntoma cultural de un *estadio zombi* del capitalismo, es decir, un sistema político que "se corrompe junto al cadáver de la economía de mercado. Al interior de la burguesía transnacional, se libra una lucha que tiene, como corolario, el deseo del sector más conservador de esta burguesía, de retomar el esquema neoliberal (la teoría del derrame, por ejemplo). Mientras tanto, otros abogan por una economía mixta (Quiggin) donde el Estado (interventor) trabaje al lado de la iniciativa privada" (Alfaro Vargas 277). Por ello, los zombis permiten construir un relato que enlaza la vertiente precapitalista del mito en la cultura haitiana, que pone el acento en el poder de la magia negra y la explotación, con la versión masiva de la historia del vampiro decimonónico, reciclada en *Soy leyenda* de Richard Matheson (1954), y las nuevas versiones de lxs muertos vivos de los films de George Romero, director norteamericano que, si bien no usó nunca la palabra zombi para designar a sus personajes, es considerado uno de los fundadores del género y de la difusión a nivel global de la figura de lxs no-muertos como horda alienada y caníbal. Sus films y secuelas seriales reciclan en clave de ciencia ficción el determinismo naturalista de las novelas de fines del siglo XIX, pues están atravesadas por un darwinismo que contamina y biologiza las ideas de ley y derecho.

El zombi puede pensarse como imagen de *lo otro* de la humanidad, de la materialidad corporal vaciada de interioridad, o de la "existencia cruda", pero también de las contradicciones de la realidad no asumidas por los discursos hegemónicos y del vaciamiento de las categorías del pensamiento para reflexionar sobre los complejos fenómenos del presente. Por eso, en la cultura contemporánea la palabra "zombi" ha tenido fuertes resonancias. De hecho, abrió la posibilidad de pensar el arte conceptual contemporáneo (Ban Larsen); plantear la necesidad de una filosofía zombi para interpretar nuestro tiempo (Fernández Gonzalo); poner en crisis categorías sociológicas, como "clase", "trabajador",

"Estado-Nación", considerados "conceptos zombis" (Beck), y definir las características del poscapitalismo financiero de nuestros días, llamado también "capitalismo zombi" (Harman). En todos los casos, define entidades espectrales, inmateriales, abstractas, propias de un sistema que ya no está ni muerto ni vivo, pero continúa haciendo sentir sus efectos sobre la vida.

En este sentido, se produce un juego de ecos y espejeos que hace que la figura de lxs zombis haya servido como categoría teórica para pensar la sociedad, la economía, la filosofía y el arte, y luego estos desarrollos sufrieran un proceso de reapropiación en las narraciones del género que usan esas lecturas como andamiaje conceptual del mundo posible postapocalíptico en el que irrumpe la figura de lxs no-muertos. De ese modo posibilitan el surgimiento de nuevos sentidos para el presente a nivel masivo y funcionan como literatura de divulgación. Por ello, la cinta de Moebius es la figura más adecuada para hacer visible el funcionamiento del universo zombi: no tiene adentro ni afuera, los límites están borrados, y se caracteriza por una recursividad incesante, que se nutre a sí misma.

Así ocurre, por ejemplo, en un relato de *Vienen bajando* (2011), "El poscapitalismo financiero contra los zombies" de Diego Vecino. La narración propone una historia que presenta una realidad contrafáctica diseñada como parodia del *taylorismo*, y sostenida por la figura fantasmal del capitalismo global sin conciencia ni alma que da vida al sistema de trabajo, producción, venta y consumo de las cadenas de comidas rápidas y cafeterías donde los seres humanos igualados por una misma conducta pueden permanecer gran parte de su vida consumiendo alimentos industriales hechos en serie, mientras las imágenes de las *notebooks* ocupan el lugar de la existencia y permiten que el sistema se siga reproduciendo. La lógica abstracta de este universo de alimentos, empleados y clientes, estandarizados, anónimos, sustituibles y desechables, resulta más fuerte y vital, que la horda de no-muertos que invade la ciudad y lo destruye todo, porque ella también intenta ser coptada, en el afán devorador y reproductivo de las empresas, como posible polo de expansión y consumo.

Por eso, aun cuando fracase el sistema de venta en una sucursal porque el cliente termina consumiendo a los empleados en lugar de las mercancías pensadas para ellos, la potencia reproductiva de las empresas poscapitalistas triunfa sobre la vida y la muerte. Siempre habrá un mercado no explotado, en algún punto de las cambiantes fronteras del mundo globalizado, donde se podrá abrir una nueva sucursal y recomenzar la rutina de la alienación y la explotación planificadas. En el mundo abstracto del capitalismo avanzado, en expansión constante, nada se pierde y todo se transforma porque lo inmaterial es su territorio.

-Pero Usted no debe preocuparse porque no necesitamos. Lo necesitamos para reconstruir el país y nuestra cadena de locales.[...]

[...] Frente a la mirada de mis empleados pasé un dedo sobre el mostrador, me cercioré de que el vidrio no estuviese veteado, que hubiese suficiente café en las máquinas y que la presentación de las tortas fuese la correcta. Todo estaba impecable. "Compañeros", dije, "no hay esperanzas de escapar y tenemos que tomar acciones definitivas. Tenemos que pensar con un *insight* diferente, positivo. No podemos combatir el holocausto, pero somos héroes, representamos al gran capital financiero global, somos sus soldados y podemos normalizar la amenaza, normalizarla, domesticarla, mimetizarnos con ella". Matías asintió con un gesto profundo. "Vamos a abrir el local y vamos a atender a los clientes. Recuerden las palabras de Frederic Jameson: 'Si el momento posmoderno, como lógica cultural de una tercera fase ampliada del capitalismo clásico es, en muchos aspectos una expresión más pura y homogénea de este último, tiene sentido entonces sugerir que la declinación de

nuestra percepción de la historia, y, más en particular nuestra resistencia a conceptos globalizadotes o totalizadores como el de modo de producción son precisamente una función de esa universalización del capitalismo'.
Profundas palabras, atesórenlas. Y estén listos. (2011: 9)

El proceso de contaminación alto-bajo, entre cultura de masas-cultura popular-alta cultura, favorecido por la porosidad de los límites entre campos y esferas, y la omnipresencia del mercado, ha provocado, en la era del capitalismo zombi, una incontenible proliferación de formatos que tienen como polo organizador la figura del muerto-vivo, sometida a un proceso infinito de reciclaje. Así, con variaciones de mayor o menor envergadura, los relatos sobre lxs zombis no dejan de reproducirse en historietas, desfiles y convenciones, video-juegos, películas, series, novelas, relatos, video-clips, porno-zombi, letras de rock y música pop, y caminatas de finalidad social, golosinas, marcas de ropa, moda, cine porno, entre otros fenómenos.

El género tanto en su pulsión reproductiva y epigonal como en sus versiones más transgresoras y creativas, funciona como punto de fuga de un sistema caótico que no cesa de engendrar relatos y nuevas figuraciones. Recicla en nuestros días la literatura gótica del siglo XIX y sus monstruos, pero con una impronta posestructuralista exacerbada que deconstruye y vuelve a construir para volver a deconstruir lo que se construirá nuevamente en las volutas de un juego incesante. La imagen gregaria de las hordas zombis, que ha ocupado el lugar de la *multitud* ciega de los que caminan en la ciudad del S. XIX y de la *masa* alienada por el totalitarismo o el consumo del S. XX, no deja de retornar en su carácter de carnadura en la que se proyectan los miedos y las idealidades sociales. Es el espacio en el que aflora, de manera más evidente, la violencia inmunitaria del mundo contemporáneo que ha biologizado la política.

Sin embargo, en algunos desvíos de esta matriz reproductiva, la figura singular dxl muerto-vivo se separa de la masa, para tomar el lugar del coreuta y con ello la palabra para responder preguntas a modo de oráculo enigmático, que parece estar hablando de los vivos y sus temores, más que de los muertos. "Estar muertos duele [...] siento como me pudro [...] comer cerebros hace que el dolor se vaya", exclama la cabeza parlante de *El regreso de los muertos-vivos* a sus captores (O'Bannon). De todos modos, esta modificación humorística no logra eliminar el carácter siniestro y ajeno que siempre se le otorga al personaje. En la contemporaneidad, esta operación se vuelve cada día más frecuente, y la figura individual dxl zombi se recorta como protagonista, dando un paso más en el proceso artístico que lo muestra como víctima de la biopolítica estatal y de los prejuicios, tal como ocurre en la serie británica *In the Flesh* (Mitchell, 2013-2014), cuyo planteo se nutre, entre otras vertientes del pensamiento contemporáneo, de las teorías *queer* y los escritos de Foucault sobre disciplinamiento y bíopoder.

La imagen polimorfa y contradictoria del zombi organiza un entramado en el que se puede leer la inversión de la figura del sujeto cartesiano moderno y la herida a su yo narcisista pues, en lxs muerto-vivos, la conciencia que domina al cuerpo y sus pasiones para llegar a la verdad, es sustituida por la materialidad carnal de un cuerpo en descomposición y sin conciencia, cuya única verdad es un impulso primitivo antropofágico insaciable, que nace de una enfermedad oculta en ese mismo cerebro donde se ubicaba antes la conciencia. Hacia la mitad del film de O'Bannon (1985), el encargado de una funeraria interroga a una mujer zombi que tiene atada sobre una camilla para preguntarle por qué comen cerebros, ella le responde "Por el dolor de estar muertos.[...] Los cerebros hacen que el dolor desaparezca." Esta frase se podría interpretar irónicamente y proyectarla a los humanos que se alienan en el consumo y dejan de reflexionar porque no soportan el dolor de estar vivos, como huida de la vida y reificación, tal como se puede ver en los films de G. Romero

Así, en la medida en que el zombi es una exterioridad, porque sus órganos están a la vista, no hay interioridad ni conciencia subjetiva en él más allá del tropismo hacia el mundo que exhibe su condición carnal, su cuerpo monstruoso se convierte en una imagen abierta a la *pensatividad*

(Rancière, 2008). En ella se hacen visibles las contradicciones de la realidad y se pueden leer las formas de producción de subjetividad características del sistema: innumerables seres anónimos explotados y alienados; consumidores absolutos y endeudados, o excluidos y expulsados de la ciudadanía, sin lugar en el mundo a donde ir. En este sentido, lxs zombis imaginan el territorio que el poscapitalismo le asigna a ese resto que pone en el lugar de la cosa, el no-sujeto, pues su función, como la del estado-nación, parece ser producir fronteras y gente sin estado alguno.

Lo espectral de lxs no muertos llena el hueco de lo real. Lo que en la figura del espectro se oculta no es la realidad sino lo reprimido en ella, lo irrepresentable, sobre cuya represión se funda la realidad (Zizek). Por esta razón, el cuerpo del muerto-vivo, en su carácter de lo abyecto rechazado, es una página en blanco donde se escribe la paranoia de una sociedad individualista y competitiva, en la que las personas se cohesionan solo por el miedo o desconfianza hacia *lo diferente*, que inmediatamente convierten en *lo otro* y *el mal*. En este último sentido, hoy lxs zombis de la literatura y los medios audiovisuales figuran el temor al contagio, el odio y el rechazo que producen los enfermos, los hambreados, los migrantes expulsados de sus lugares de origen por la guerra. Las hordas de no-muertos que deambulan sin rumbo fijo se asemejan a eso que los hombres y la sociedad civilizada niegan de sí.

El miedo a la muerte aparece de manera recursiva metaforizado en el género zombi, como uno más de sus posibles sentidos, y permite que lxs hombres se enfrenten o toquen imaginariamente eso que más teme. Así lo presenta el escritor argentino Juan José Burzi, en su relato "Tania", perteneciente a *El libro de los Muertos Vivos* (2013:115-122), en el que el personaje central reflexiona sobre quienes han comenzado a morir de una manera diferente. "no son muertos vivos, como en las películas, son vivos que se convierten de a poco en muertos, hasta que mueren y listo, no molestan más. Salvo por la forma en que lo hacen, lo que les sucede (vivir y convertirse lentamente en muertos) no es muy diferente a lo que nos sucede a nosotros, los 'no contaminados' " (Burzi 2013:117).

Por esta razón, en el cuento, el vínculo con la carne contaminada no está marcado por el miedo al contagio, ni por el rechazo hacia el cuerpo mudo e inerme "que no comprende ni se hace comprender" (Burzi116), sino por un deseo carnal necrofílico más fuerte que el espanto que produce la putrefacción. La erotización de la carne en proceso de descomposición, ese resto de la mujer amada, mientras se asiste a las diversas fases de su destrucción material, pone el acento en la necesidad de tomar contacto y penetrar el misterio de eso que se va deshaciendo y desarmando ante el mínimo roce y delata la presencia de la muerte: "abrirle las piernas y chuparle ese líquido viscoso que chorrea su vagina, algo parecido al pus, que tiene un gusto delicioso, porque ese líquido es Tania" (118).

Convertida en *cosa*, "Eso es Tania" (119), y al mismo tiempo objeto de pulsión sexual, la figura zombi permite al narrador preguntarse acerca de su propia identidad como hombre, "¿y qué soy yo?" (119), para encontrar una respuesta que derriba la barrera de la diferencia entre *no contaminados* y zombis, vivos y muertos, y reinstala el sentido sagrado y erótico que adquiere el acto caníbal, el sacrificio de devorar al otro como afirmación de la vida más allá de la muerte: "No queda mucho de esa mujer con la que me acosté los últimos cinco años de mi vida. Todo su cuerpo es una fruta podrida. Me digo si no será mejor terminar acortando su agonía; quizás podría matarla y devorarla." (120)

El bokhor, el zombi y la explotación: mito y política

No siempre la figura muerto-vivo fue la concreción de un imaginario postapocalíptico y la forma narrativa de una ficción distópica, tal como se manifiesta a partir del Siglo XX. En la Edad Media, el tema de los espectros y su carácter de *ni muertos ni vivos*, era un tópico familiar en los mitos, las leyendas y la religión, y la muerte, una presencia no excluida de los rituales y prácticas de la vida cotidiana[21], aún en las versiones más

---

[21] Antes de que la Iglesia tomara a su cargo los rituales de la muerte, los vivos se

temibles o esperanzadoras de la religión (relatos cristianos del Juicio Final o de la Resurrección de los muertos). Por lo general, irrumpía en la vida cotidiana para indicar a los vivos la falta, aquello que no habían hecho o habían hecho mal en relación a los muertos, o la muerte y sus rituales.

A partir de la Gran Peste del siglo XIV, que introdujo un modo de morir masivo, repentino y brutal, la evidencia material de los cadáveres amontonados y en descomposición, alentó una imaginería en torno a los muertos más truculenta (contagio, apariciones espectrales, cuerpos descompuestos y agusanados), que es posible rastrear en la literatura, la pintura y el discurso religioso de la Baja Edad Media. Sin embargo, los relatos de fantasmas y aparecidos son anteriores, se registran ya entre los siglos X y XI, como efecto mitológico de muertes prematuras, o anormales, es decir, narraciones sobre personas que murieron violentamente, asesinadas, en un parto, suicidas, o niños.

Las apariciones repentinas atormentan a los vivos y tienen como fin reclamar misas, limosnas, plegarias, que les permitan escapar del purgatorio. Pero la presencia de estos fantasmas no tiene carácter inmaterial, todo lo contrario. Sus cuerpos pueden tocar el de los vivos, hacerles sentir su sudor, quemarlos, tener relaciones sexuales, y hasta beber su sangre como en el caso de los vampiros. En la Edad Media los muertos estaban en el centro de la vida como el cementerio, no se los ubicaba en un lugar marginal sino en el interior del pueblo (Le Goff & Truong 72-73 y 75).

En las versiones del muerto-vivo características de la cultura haitiana, los sujetos convertidos en *zombis*, pertenecen al entorno cotidiano, justamente porque lo siniestro (unheimlich), lo ominoso, no puede darse ni crecer sino en lo familiar (heimlich), como su forma extrañada. El proceso de zombificación tiene origen en las prácticas vudú, difundidas en Haití a nivel popular como resultado de un proceso de síncresis religiosa, en el que se entrecruzan antiguas creencias animistas

ocupaban de los cuerpos muertos de las familiares, y las mujeres se encargaban de lavarlos y prepararlos para el viaje final (Le Goff & Truong 70).

traídas por los esclavos de África, creencias cristianas y de origen taíno. El Vudú es una variante teísta de un sistema originariamente animista con un componente mágico importante (Metreaux). Si bien arraigó principalmente en Haití, también se manifestó en Nueva Orléans, tiene parentesco con la Santería cubana, y el Candomblé, la Macumba y el rito Umbanda brasileños.

Durante la dominación francesa en Haití, se había prohibido todo tipo de ceremonia o práctica vudú, porque esos rituales tenían carácter de resistencia, eran un modo de oponerse a un sistema esclavista extremo que reprimía fuertemente todo intento libertario[22]. Pero la violencia de la dominación tuvo su contrapartida sangrienta durante la independencia, en 1804, cuando se produjo un movimiento revolucionario único en su género de carácter popular y social, que exterminó a toda la población blanca, en represalia por el maltrato sufrido por la población negra esclavizada durante el dominio francés. Una vez consolidada la independencia, la nueva nación debería probar que las clases populares que impulsaron la rebelión no estaban constituidas por aquellos esclavos que los prejuicios europeos etnocéntricos conectaban con las prácticas de la zombificación y la antropofagia, resultado de un estereotipo peyorativo para ridiculizarlos y mostrar su pretendida inferioridad (Hurbon).

Los estratos más bajos del pueblo haitiano tenían creencias esotéricas que se habían desarrollado de manera subterránea y, a pesar de las prohibiciones, pero solo fueron documentadas durante la ocupación estadounidense (1915-1934), que echó luz sobre las prácticas de magia negra de los *hungans* y los *bokors*, sacerdotes del vudú. Las tropas de ocupación norteamericanas sufrieron extraños accidentes y se produjeron suicidios que fueron atribuidos a esas prácticas, ya que los soldados

---

[22] "Las relaciones entre los plantadores y los esclavos se regían por el Código Negro (Code Noir), un compendio de leyes redactado en 1685, firmado por el rey francés Luis XIV y vigente en las colonias francesas hasta 1848. En el mismo no sólo se legalizaba la esclavitud, el tratamiento de seres humanos como propiedad mudable, sino la marcación, la tortura, la mutilación física y el asesinato ante los intentos de rebelión contra el inhumano sistema" (Buck Morss:27).

estuvieron expuestos a sustancias psicoactivas desconocidas. Cuando en 1957 Papá Doc, François Duvalier, se instala en el poder, construye una figura de sí mismo, doble y contradictoria, se presenta como un nuevo amo, para ser respetado y, a la vez, como el supremo defensor de la raza negra.

Por este motivo, el despotismo y la omnipotencia marcaron la política soberana en el país, y tanto el primer Duvalier, como su hijo, Baby Doc, Jean-Claude, fueron el caso arquetípico de esta construcción del poder, marcada significativamente por el terror (1957-1986), incluso una severa represión. Paradójicamente, con los Duvalier, más de 30 mil personas perecieron víctimas del abuso de poder, y se instaló la firme creencia de que recurrían a las prácticas relacionadas con lo que precisamente una generación entera de políticos pretendió suprimir: el vuduismo, el canibalismo y la hechicería. Es decir, con la imagen negativa del "otro" que Europa había construido de los habitantes de Haití. Según L. Hurbon, esta construcción del otro como la barbarie absoluta está relacionada directamente con la pretensión de dominación.

En la religión Vudú, el proceso de zombificación se atribuye a la acción del bokor, hechicero que según las creencias podía quitar el alma del cuerpo de los hombres para encerrarla en una vasija y transformarlos en zombis, con el fin de explotar a su antojo ese cuerpo sin voluntad ni conciencia. Según estas creencias, los zombis son seres corpóreos que murieron y resucitaron como cadáveres vivientes por obra del poder de la magia negra. La función bio-tánato-política del bokor, que hace morir, para luego obligar a vivir bajo el dominio de su voluntad a las víctimas "resucitadas", se explica por el uso de un veneno natural, la tetradotoxina, extraída del pez globo, que se mezclaba con un alcaloide obtenido de una planta, para simular la muerte con un estado de letargo y disminución de las funciones cardíacas. El *cadáver* en estado de "catalepsia" era enterrado enseguida y el bokor, luego, lo exhumaba en secreto para darle otra sustancia que lo volvía a la vida, pero como un ser sin conciencia y con una gran potencia de trabajo. La jornada laboral del zombi se podía extender durante todo el día sin que estos nuevos esclavos dieran síntomas de cansancio. De esta manera, los seres humanos convertidos en engranajes de la explotación barata de la tierra permanecían sometidos al poder del bokor hasta su muerte definitiva. En esta narrativa, el zombi aparece como metáfora de la explotación pre-capitalista, en la que se hacen evidentes las estrategias de colonización de la vida a través de un poder que usa los saberes tradicionales sobre la naturaleza, y el mito, como dispositivos para producir seres dóciles, sin voluntad propia y absolutamente alienados.

La historia del zombi haitiano y su carácter de víctima colonizada por el deseo esclavista del bokor, que procede igual que hace el torturador con su víctima al convertirla en mera carne sobre el cual escribe su poder, aparece de manera cristalina en el mito haitiano; sin embargo, este aspecto relacionado estrechamente con la explotación del hombre por el hombre, será ocultado en las transformaciones ulteriores de la figura de lxs muertos vivos, que ponen el acento en su condición de monstruo antropófago, ser alienado por el consumo y símbolo de la opresión del totalitarismo y su máquina de guerra, las masas, pero raramente lo construyen como víctima.

Los hijos del capitalismo darwinista

La primera película que presenta la figura del muerto-vivo es *White Zombie* (1932) de Víctor Halperin. En ella, el actor Bela Lugosi hace de bokor. La historia que se desarrolla todavía mantiene la tradición haitiana que lo presenta como víctima de la magia vudú, y con un cuerpo igual al de los hombres vivos pero con un color extremadamente pálido en la piel, voz nasal, mirada perdida y una gestualidad lenta que revela la falta de voluntad propia. Otras novelas y filmes de la época[23] conservan este mismo modelo, más cercano a los imaginarios de la zombificación vudú, y de la relación que este proceso tiene con la explotación precapitalista. En

---

[23] *La isla mágica* de 1929, novela cuyo autor es W.B. Seabrook, y el film *Yo caminé con un zombi* (1943) de Jacques Tourneur

1968, George Romero cambia de manera definitiva la imagen de lxs zombi con *La noche de los muertos vivos*, film que tendrá su versión escrita homónima en 1974 cuando John Russo, que había sido co-guionista, publica la novela.

Los amantes del género conocen el origen fortuito del no-muerto, ya que el director en realidad pretendía hacer la versión cinematográfica de la novela *Soy leyenda* (1954) de Richard Matheson, donde el protagonista es acosado por hordas de vampiros. Sin embargo, Romero no tenía dinero suficiente para comprar los derechos y, en una entrevista, reconoció haberle dicho a Matheson "No pude usar vampiros como en tu novela, Richard, pero para que no me hagas juicio terminé usando zombies" (Loreti).

La transformación ideológica que trae el pasaje del mundo haitiano a la cultura de masas no es menor: lxs zombis dejan de ser las víctimas inermes de una estructura económica, en la que se necesita esclavos para producir a bajo costo y de un poder soberano que coloniza su vida, para convertirse en la metáfora más extrema del hombre alienado de las nuevas multitudes del sistema capitalista que "va al mercado a comprar y a que lo compren" (Benjamin) y, al mismo tiempo, en la figura de un monstruo inhumano que amenaza con infestar y destruir la vida sobre la tierra. Estos sentidos se irán resignificando en cada coyuntura histórica pues sucesivamente se ha proyectado en la figura de lxs zombis del cine norteamericano aquellos aspectos que la sociedad vivía como amenazantes: el comunismo, el poder totalitario, la alienación en el consumo, o la otredad que amenaza a Occidente con la forma del terrorismo islámico.

En la figura ambivalente de lxs no muertos, se hacen visibles las nuevas formas del capitalismo a través de los efectos que produce en el hombre: lo enajena, lo consume, lo desangra, lo convierte en consumidor compulsivo o en fracasado y depresivo; pero también se evidencia aquello que el zombi está imposibilitado de hacer: no se relaciona con la sociedad y los otros, no se vincula con la naturaleza, no demuestra interés por nada que no sea consumo, y no es protagonista de la historia sino mera comparsa (Bang Larsen). Este último aspecto, su carácter de figurante de la historia, se relaciona con el objetivo central de George Romero en el primer film, *La noche de los muertos vivos* (1968): usar estos personajes como trasfondo del accionar humano, con el fin de llevar al extremo las reacciones de los protagonistas en un entorno hostil y excepcional. Un *topos* explotado largamente por la novela naturalista, que en este caso encierra una visión de la historia que se expresa como relato heroico de la voluntad individualista, y a través del cual se construye la identidad nacional y social de los Estados Unidos.

Si bien las historias fueron cambiando de enfoque a partir de la primera película de Romero, que tuvo mucho éxito, los personajes muertos-vivos mantuvieron las mismas características, con algunas variantes en las parodias que ese mismo cine generó como *El regreso de los muertos vivos* de O'Bannon (1985), *Fido* (2006) de Andrew Currie, entre otras. Estos rasgos están determinados por el rol secundario que se les asigna, pues su función es ser disparador de las acciones de los protagonistas, que deben defenderse de ellos o a destruirlos; un cuerpo apático, lento, impulsado por un hambre desmesurada que los lleva a comer carne humana, por los sonidos y los olores. Sus funciones biológicas (nutrición y la reproducción), están unificadas por lo que es un organismo asexuado, en el que la sobrevivencia de la especie asegurada por el contagio, es más importante que la del individuo, ya que, si bien come, no necesita alimentarse porque su cuerpo está en proceso de degradación.

En el año 2002, con la película-homenaje a G. Romero *28 días después*, del inglés Danny Boyle, se produce un cambio importante en la construcción de la figura del zombi, que retoma la apariencia humana, aunque con algunos rasgos en el rostro que delatan su calidad de infectado, y modifica su modo de andar, ya que comienza a correr. Más adelante, debido a la importancia que adquieren los llamados "efectos especiales", el cuerpo de lxs no muertos cobra mayor centralidad como espacio en el que se escribe el horror de lo inhumano, y en el que se ve lo que debería permanecer oculto, la interioridad del organismo. De esta manera se subraya la presencia de la *carne* (lo corruptible, lo bajo, lo que produce asco), y se retoma la tradición iniciada en la pintura anatómica, con los desollados que ilustran *De humani corporis fabrica* (1543) de Versalio, y se continúa con un objetivo estético en las pinturas de Francis Bacon (1909-1992), que presentan el cuerpo como una materialidad caótica, cuyos órganos se exhiben al borde de lo monstruoso y de lo obsceno. Este cuerpo es la contracara del ideal abstracto de lo humano que postulan las tecnociencias actuales a través de la cifra del ADN.

El film de D. Boyle, que se había convertido en un directo de culto con su película *Trainspotting* (1996), construye a los muertos-vivos como seres terriblemente agresivos. Esta variante, que opera una hipérbole en el potencial terrorífico de estos personajes, le da al cine zombi nuevos aires, y permite afianzarlo, y convertirlo en un género *underground* cultural, consciente de sí mismo, que acentúa la tendencia a engendrar sus propias parodias y guiños, a la manera de las posvanguardias, organizando juegos de remisiones intertextuales de un film a otro, y espejos entre títulos y referencias a la figura del zombi, que se volverá tópico ineludible tanto en los largometrajes como en las sagas televisivas posteriores como *The Walking Dead* (2011-2016) e *In The Flesh* (2013-2014), y demás.

Ahora bien, a pesar de estas transformaciones, la figura de lxs zombi sigue conservando su ambivalencia en sus diversas concreciones históricas pues nunca son pensados como encarnación sobrenatural del mal, sino como surgidos de una *falla* de lo que se pretendía controlar, por algún error o imprevisión en el desarrollo de un experimento científico. En los cómics, video- juegos, films, series televisivas, literatura de terror y ciencia ficción, los motivos que justifican la aparición sobre la faz de la tierra de la amenaza de lxs no-muertos varían: fuga de un virus, escapes en un experimento científico militar, radiación nuclear o una causa racional que nunca se explica. Sin embargo, algo permanece siempre igual, a pesar de las excepciones, lxs no muertos se caracterizan por ser una plaga multitudinaria, policlasista y democrática. Desde el punto de vista de la tradición, lxs zombis nacen del reciclaje del aristocrático personaje de Drácula, un muerto-vivo centroeuropeo, noble de origen, que a pesar de su monstruosidad conserva un resto de romanticismo en el corazón y seduce a las mujeres que llega a poseer, en su búsqueda de la única realmente amada por él. Lxs no muertos contemporáneos, por el contrario, tienen origen plebeyo, y no son protagonistas singulares, ni tienen pasiones, solo están atravesados por la pulsión de devorar carne humana, excepto en algunos nuevos formatos en los que se los re-humaniza.

En la novela *Guía de supervivencia zombi* (2003) Max Brooks define el peligro constituido por lxs zombis de manera irónica y, de este modo, pone al descubierto una ácida crítica al mundo actual y su paranoia con respecto a los seres diferentes, cuando en realidad el peligro son lxs mismos hombres:

> [...] Los muertos están entre nosotros. Zombis, gules -sin importar su etiqueta-, estos sonámbulos suponen la mayor amenaza para la humanidad, *aparte de la humanidad en sí misma*. Llamarlos a ellos depredadores y a nosotros presas sería impreciso. Son una plaga, y la raza humana su huésped. Las víctimas afortunadas son devoradas: sus huesos roídos hasta quedar limpios, su carne consumida. Los que no son tan afortunados pasan a formar parte del grupo de los atacantes, transformándose en monstruos pútridos y carnívoros. [...] Sobrevivir es la palabra clave que hay que recordar-ni la victoria, ni la conquista-, únicamente sobrevivir. [...] Con este libro aprenderás a reconocer a tu enemigo, a elegir las armas adecuadas, las técnicas para acabar con ellos y todo sobre la preparación y la improvisación cuando estés defendiendo, huyendo y atacando. También se hablará de la posibilidad de que llegue el Día del Juicio Final, en el que los muertos vivientes reemplazarían a

la humanidad como especie dominante del planeta. […] Los datos históricos, los experimentos en laboratorios, la investigación de campo y los relatos de los testigos oculares (entre los que se incluye el autor) han servido para crear este libro. […] La amenaza zombi es en verdad una amenaza internacional. Los ciudadanos de Europa occidental y de las islas británicas cuentan con una densa población, carecen de crímenes violentos (relativamente) *y han vivido casi dos generaciones de paz, estabilidad y prosperidad económica*; pero quizá ahora son más vulnerables a los muertos vivientes que en cualquier otro momento de la historia. El que crea que el Parlamento Europeo puede resolver un ataque zombi con la misma facilidad que soluciona una huelga de camioneros haría bien en estudiar la última vez que una plaga llegó a aquellas tierras. Un brote podría empezar con cinco zombis en Andalucía y en tres semanas haber llegado a miles en el Distrito de los Lagos en Inglaterra. […] Este libro lo puedes aplicar tanto si eres de Glasgow como de Ciudad del Cabo, de Dublín o de Hobart. Ha llegado la hora de dejar aparte nuestras fronteras artificiales y unirnos contra la amenaza común de la extinción. Este no es tiempo para el estéril y obsoleto nacionalismo. Los muertos vivientes se ciernen sobre nosotros en todo el mundo y *como un solo mundo* podremos sobrevivir (7-8). (Subrayo)

El carácter monstruoso y masivo con el que se construye a lxs zombis responde a la reproducción de un discurso clasista que teme y rechaza el poder de las masas populares, afín a la mirada de la aristocracia que durante la Revolución Francesa fabula la imagen del "monstruo de abajo antropófago" (Foucault, 1999:103), como visión estigmatizante del pueblo sublevado y movido por el hambre, sobre el que circulaban relatos que le atribuían la barbarie de comer niños. Este signo de lo bestial extremo, originado en el imaginario elitista, es un tipo de *antropofagia*[24] que se diferencia del *ritual caníbal*[25] que tiene carácter sagrado, y de hecho pervive simbólicamente en el cristianismo en la ceremonia de la comunión, y que en los cultos menos espiritualizados del pasado suponía una consustancialización entre quién ejecuta el sacrificio y la víctima sacrificial a través de su ingesta. Esta comunión supone además un componente erótico, que pervive en prácticas como la tortura y la violación y aún, según algunas interpretaciones, en la denominada bomba humana que es pensada por los teóricos como una manera de fusión entre el terrorista y el cuerpo de aquél con el que es imposible todo tipo de comunicación por ser el otro absoluto (Cavarero 81). Por el contrario, en el caso del no-muerto, comer carne humana (el cerebro, o cualquiera de las partes del cuerpo) es un desplazamiento del vampirismo de Drácula, que necesitaba sangre para conservar la vida, pero transformado en una práctica de mayor espectacularidad, abyección y gratuidad, pues supone abrir el cuerpo del otro para despedazarlo, motorizado solamente por una pulsión que no responde a ninguna necesidad vital ya que quien ataca no tiene conciencia de lo que hace, y tampoco lo hace para conservar la vida.

---

[24] Es interesante recordar las reflexiones de Montaigne sobre el tema cuando señala que si bien comerse a un enemigo muerto supone un alto grado de barbarie, el hombre no puede ser tan ciego como para no ver que es aún peor comer a un ser humano vivo, someterlo a suplicio cuando aún siente, quemarlo vivo, y tirárselo a los perros, tal como se hacía en su época con vecinos y conciudadanos con el pretexto de la religión para tal horror (Montaigne, 1978: 115-116)

[25] El Dr. Hannibal Lecter, personaje ficcional, encarna este canibalismo ritual, al mismo tiempo gourmet, y exquisito. Fue creado por Thomas Harris, un escritor y guionista estadounidense y aparece por primera vez en la novela *El dragón rojo* (1981), y su saga continúa en *El silencio de los corderos* (1988), *Hannibal* (1999) y *El origen del mal* (2006). Estas novelas fueron llevadas al cine y dieron lugar a un telefilm que ya lleva tres temporadas en pantalla y ha dado lugar hasta a un restaurant para fans de la serie. Cf. http://www.lanacion.com.ar/1806987-canibalismo-con-buen-gusto

Este último aspecto es retomado por la serie británica de la BBC *In the flesh* (Mittchel 2013:T1.:E1). En efecto, cuando el médico encargado de rehabilitar y reintegrar a la sociedad a lxs no-muertos, afectados por el PDS, *Síndrome de Fallecimiento Parcial*, les hace repetir el discurso aprendido para re-construir la identidad perdida, en la que ya no son zombis, y así poder mitigar la responsabilidad por haber atacado y comido a otros seres humanos los ex; "furiosos" repiten la fórmula performativa que elimina toda responsabilidad de sus actos: "Yo soy una víctima del Sindrome de Fallecimiento Parcial, y lo que hice en mi estado sin tratamiento no fue mi culpa" (T1: E1).

La aceptación de esta falta de responsabilidad sobre los actos antropofágicos del pasado, es lo que les permite reintegrarse a la sociedad como presuntos "iguales"; pero, a pesar del cambio físico (maquillaje y lentes de contacto) y la aplicación diaria de la droga, cuyo efecto disciplina la furia zombi y los convierte en seres humanos "casi" como los demás, y aquí el "casi" no funciona como en lxs travestis, a modo de plus, sino que es una falta. En efecto, estos personajes no pueden ni comer ni beber, porque su organismo no está preparado para recibir alimentos ni los necesita, tampoco ocupar un lugar social similar al del resto de la sociedad. Deben vivir fingiendo ser lo que ya no son, sometidos al disciplinamiento. Sin embargo, subsiste un resto en ellxs que les impide integrarse plenamente a la sociedad. Esa diferencia, los llevará a la elección consciente de volver a ser zombis, tomando la llamada "droga azul", como acto radical de rechazo al mundo humano que lxs trata como si fueran basura, y en el que reina la falta de justicia, la discriminación y el odio (T2).

Con la excepción de la serie a la que se acaba de hacer mención y algunos films que parodian el género, a medida que pasa el tiempo, se va acentuando el carácter monstruoso de la conducta y la anatomía zombi[26].

---

[26] Existe un videoclip que ilustra las transformaciones en el aspecto del zombi a lo largo de 100 años y muestra cómo se construye la imagen del no muerto a través del maquillaje y los efectos especiales.
https://www.youtube.com/watch?v=4SdACMZwaaw&feature=youtu.be

En este sentido se sobreactúan los signos de la abyección de su cuerpo, en lo que es una tendencia cada vez más notoria hacia la truculencia *gore*[27]. Estas características físicas y conductuales son retomadas por la literatura argentina de las últimas décadas a manera de guiño, ya que las recicla con una distancia cómplice e irónica. En muchos relatos del género, que todavía ocupa un lugar marginal en la producción literaria argentina, se usa la figura del no muerto como disparador de una crítica ácida y carnavalesca a las tendencias sádicas de la sociedad, la estandarización de subjetividades, la banalidad de la industria del espectáculo y, en un contexto histórico signado por la dictadura de los años '70 y principio de los '80, y la debacle del año 2001, el rechazo a las formas de la política que permitieron los golpes de estado y las recurrentes crisis económicas e institucionales. La mirada del género, en Argentina, está teñida por un gesto posvanguardista, de parodia y homenaje, y por una estructura del sentimiento mediadora entre literatura y experiencia histórica que se encuentra teñida por *el desencanto*. Esto explica allí el cinismo y la hipocresía que caracteriza a muchos de los personajes que encarnan a las clases dirigentes, los medios, los cuadros políticos y los desarrollos de la ciencia.

Así, en "La masacre del equipo de vóley" de Juan Terranova, perteneciente a la antología *Vienen bajando* (42-49), se imagina la resurrección de lxs muertos anónimos, enterrados en las fosas comunes de la Provincia de Buenos Aires. Este retorno a la vida evoca el ocultamiento de los cuerpos de lxs desaparecidos por los grupos de tareas de la dictadura y las operaciones delincuenciales consentidas o llevadas a cabo por la "bonaerense". Sin embargo, lejos de seguir una línea narrativa anclada en la denuncia, el relato produce un giro en la temática a través del uso de la ironía y el humor negro, para dar lugar a una historia en la que se narra cómo el sistema recicla y vuelve productivo a los muertos vivos, al

---

[27] Género cinematográfico que pone el acento en la truculencia, la sangre y la violencia ya sea para mostrar la condición vulnerable de los seres humanos, ya sea para regodear a un público sediento de violencia con escenas truculentas. Cuando el *gore* es excesivo trae aparejado un efecto cómico.

convertirlos en productos rentables y divertidos que se exhiben en espectáculos masivos *gore*.

En el poscapitalismo avanzado todo se espectaculariza y se convierte en mercancía de efecto alienante y consolatorio, que contribuye a la docilidad de los cuerpos. Los seres humanos funcionan como espectadores pasivos de una vida, en programas donde no hay límite para la crueldad y la explotación del otro. La ilusión de la TV transforma la crueldad del sistema en una forma naturalizada de diversión, que se vuelve metalepsis en la que se borran las fronteras entre ficción y realidad para mostrar que hay zombis de un lado y del otro de la pantalla:

> Así, de a poco, los zombies se transformaron en patrimonio pop de la humanidad. Se hicieron remeras. Se pintaron esténciles. Cada tanto alguien les dedicaba una cumbia. Sin embargo, el primer reality falló. Era aburridísimo. Un grupo de muertos vivientes gimiendo en una casa, mordiendo las cortinas y chocándose contra las paredes. Pero la televisión insiste con el error hasta que acierta. Los programas de rock—zombie y skates mutaron y se transformaron en cámaras ocultas. […] Hubo otros episodios que me gustaron. El auto que atropellaba a cinco zombies alineados en una ruta, la cámara tomando todo desde en el asiento del acompañante. El hombre que embestía al zombie con un carrito de supermercado en un estacionamiento. La clásica voladura de cabeza en primer plano. El zombie compactado muy lentamente con una prensa industrial. El zombie guillotinado por partes. El zombie hervido. El zombie que pisa la mina antipersonal. […] También hicieron un episodio donde atacaban a un muerto con balas

de pintura, como las que se usan en el *paintball*. Era gracioso, el zombie quedaba todo pintado, pero al final lo enlazaban de las piernas y le daban un tiro en la cabeza porque las balas de pintura no le hacían nada. (2011:43-44).

Más allá de las transformaciones locales que se producen en el desarrollo histórico del género zombi, y estrechamente relacionado con la poderosa industria del espectáculo, las producciones cinematográfica y series actuales suelen presentar una trama argumental reiterativa, en la que el desplazamiento de lo marginal, la figura del muerto vivo, al centro como figura protagónica está contemplado solo como forma de reconfiguración de la mercancía en términos de novedad. Así ocurre, por ejemplo, con la serie norteamericana *I Zombi* (2015) creada por Rob Thomas y Diane Ruggeiro para The CW. La historia está basada en un cómic homónimo, y en su trama el personaje central es una no-muerta que difiere solo en algunos aspectos de los seres vivos, ya que piensa, habla y se relaciona eficientemente con su familia y compañeros de trabajo. En su cuerpo, algunas ligeras modificaciones delatan su condición de zombi (piel más blanca, pelo encanecido por completo y aspecto gótico). De personaje excluido del todo social, a través de su encarnación en la protagonista de esta serie, el zombi pasa a ser colaboradora de la policía en el desciframiento de crímenes, ya que trabaja en el departamento forense de Seattle. Al ingerir cerebros de cadáveres puede conocer lo que sucedió cuando los diversos personajes fueron asesinados y de este modo aporta datos esenciales para el esclarecimiento de los delitos, reciclando las series policiales en las que uno de los personajes es una médium. El capitalismo avanzado no deja figura afuera de la rueda productiva.

Lo cierto es que lo más frecuente es, sin embargo, que se repliquen una y otra vez, con ligeras variantes, situaciones en las que se enfrentan seres humanos, contradictorios y heroicos, sometidos a condiciones extremas, con no-muertos; y, a pesar de los pequeños triunfos de los protagonistas, nada puede impedir el incesante regreso de la amenaza zombi que persiste, y siempre encuentra motivos para regresar, y generar otra secuela del género. El carácter repetitivo de los films y series de la industria del espectáculo fue estudiado por Omar Calabrese en *La era neobarroca* (1985). En ese ensayo, señala que si bien los telefilms son el resultado de la reproducción de un modelo regido por la estructura *ritmo-repetición*, en ese proceso de reproducción, el género se va perfeccionando y por ello da lugar al nacimiento de una estética, que encuentra su mayor productividad, no en la variación, sino en la *repetición con variaciones* (23).

La cuestión central respecto de la *estética de la repetición con variaciones* característica del género zombi, es que exhibe en su distribución de lo visible un concepto de *Historia*, cristalizado y reiterativo, en el que se combinan la ejemplaridad de lo narrado y el foco en las acciones guerreras, de modo tal que la trama argumental que se organiza no es otra cosa que la reproducción paradigmática de la eterna lucha entre el Bien y el Mal, a partir de variaciones concretas *ad hoc*. Por esta razón, la historia en los seriales y películas zombis funciona como una leyenda heroica, cuya estructura ideológica binaria solo permite poner bajo el foco de la luz a los héroes, que son los únicos que pueden hacer la historia y representan el Bien, mientras que la masa anónima de zombis, que la padecen, se encuentra con seres humanos que lxs consideran enemigos y se proponen destruirlos, que no tienen el derecho ni poder para modificar nada. Están allí, en el mismo escenario, para ser masacrados porque son los representantes del Mal, y su fatalidad es tener que volver a desempeñar ese mismo papel oscuro incesantemente. Ellos no hacen la historia, pero son afectados y destruidos por ella.

De esta manera, el espacio estético que distribuye lo perceptible en el género se articula en base a jerarquías y binarismos: de un lado la acción de los *destinados* a ser protagonistas de la historia, a sobrevivir, a matar y a morir para escribir su página gloriosa en defensa de la humanidad; del otro, como telón de fondo, la masa inhumana de los figurantes, que no entienden por qué les pasa lo que les pasa, ni cómo han llegado a estar en el lugar en el que están. Son los seres extirpados de la historia por quién escribe el guion, los innumerables anónimos estigmatizados. Ellos no han elegido ser el enemigo y mucho menos un despojo carnal en proceso de putrefacción y sin conciencia que deambula por el mundo sin saber por qué ni para qué. Son las víctimas ignoradas a las que se les ha confiscado el derecho a la humanidad y que han sido empujadas al escenario de guerra donde se escribe la historia autobiográfica de los que "merecen vivir".

Es justamente desde la perspectiva de este concepto de *Historia* que da forma al género, que se puede analizar el potencial metonímico de lxs muertos vivos, como efecto de este presente inmunitario que no deja de producir víctimas, monstruos, fantasmas y parias. En estos tiempos, democráticos, consensuales y unipolares, la amenaza de destrucción que la parte "sana" de la sociedad teme, ante la cual no escatima medios cruentos de autodefensa, se cierne en realidad sobre los seres anónimos y excluidos, que no son parte ni del elenco de héroes, ni de los soldados de la guerra, sino que aparecen en ese terreno de manera fortuita, como caminantes casuales en un espacio que inopinadamente se ha convertido en un campo de batalla. Allí, les toca el rol de ser las víctimas de la masacre, una y otra vez, sin que se les dé derecho a cambiar nada.

En *The Walking Dead* (T5:E6), un grupo de sobrevivientes, que se halla en la ciudad de Atlanta, se encuentra con una desmembrada horda de zombis y una gran cantidad de restos corporales de ellos desparramados sobre la calle. La cámara se detiene en los fragmentos, las vísceras y la carne carcomida por la putrefacción, citando una escena humorística emblemática de *El regreso de los muertos vivos* de O'Bannon. Esos detalles de lo que fuera una persona tienen aún vida, se mueven y retuercen sobre el suelo; sin embargo el vehículo que traslada a los protagonistas les pasa con violencia por encima como si fueran simples desechos, meras cosas. El humor ha desaparecido de la secuencia y solo resta el gesto de reificación naturalizado, que cubre de inhumanidad la pantalla, sobre todo porque en otras escenas el miembro mutilado de un ser vivo, al que se le ha amputado para evitar que se contagie, se entierra con la dignidad que corresponde a la persona que lo poseía.

Durante el transcurso de otro de los episodios (T2: E6) el dueño de la granja en la que se ha refugiado el grupo liderado por Rick Grimes, Hershel Greene, conversa con Dale Horvath, acerca de los no-muertos que el granjero tiene encerrados en el granero. Dale le dice que debe deshacerse de ellos porque "no son personas [...] caminan, atacan y son peligrosos", y con ello parece estar caracterizando a los humanos del grupo al que pertenece. Hershel, que es además médico, le contesta, poniendo a los zombis en el lugar de la enfermedad psiquiátrica, que hay que aislarlos ya que "los paranoicos y esquizofrénicos también [son peligrosos...] y no matamos a los enfermos". Dale insiste: "Yo he visto gente querida volver y no son personas". Hershel replica: "Mi esposa y mi hijastro están en el granero. Son personas". En este diálogo ambivalente, se recupera la historia y la identidad, que la transformación en no-muertos y la mirada cosificadora del otro les niega, estableciendo la existencia de una vida vivida, de una continuidad en lo humano, dignas de respeto o que, por lo menos, impide aniquilarlos sin más pero, al mismo tiempo, su existencia se medicaliza y se vuelve legible a través del lenguaje que la psiquiatría impone a la locura para justificar el encierro. De este modo, se determina de modo claro cuál debe ser el destino de los zombis: la separación detrás de un muro para poder controlarlos y evitar que trasgredan el límite entre vida humana y abyección, o la eliminación. Las mismas operaciones se replican en la realidad: exclusión en el encierro o aniquilación.

En ese diálogo se expone el meollo de la cuestión que plantea hoy la figura del zombi como metonimia del presente. La pregunta que la paradójica figura del zombi formula es si las víctimas de la violencia de los hombres son personas o simplemente daño colateral inevitable; si los enemigos son personas o, en tanto representan el mal absoluto y, por ello, pueden ser torturados, masacrados y humillados sin piedad; si detrás de las estadísticas que justifican con cifras de productividad la creciente marginación de miles y miles de seres anónimos, hay personas o solo números. En el relato hegemónico de Occidente que legitima la guerra y el darwinismo social para proteger la vida y la paz de unos pocos, hay un crimen y está tan oculto como el origen de los zombis en los films y teleseries. La figura espectral de lxs muertos-vivos da consistencia corpóre a la enfermedad autoinmunitaria que el mundo ha generado en su propio cuerpo para seguir produciendo anomalía, enfermedad, exclusión y muerte, y no sentirse responsable de ello.

Desvíos, contrarrelatos y transgresiones locales: zombis argentinos

Los procedimientos de trasposición que se producen alrededor de la figura de lxs zombi en la narrativa argentina replican fragmentariamente, complejizan y ponen en crisis la matriz del género que se ha cristalizado en las dos primeras décadas del siglo por obra de la industria del entretenimiento y el carácter irónico que asume casi de manera general el discurso de los relatos agrega una nueva voluta a las parodias que esa misma industria ha generado[28]. En efecto, los escritores argentinos que cultivan el género-zombi recontextualizan las figuraciones del muerto-vivo desde la perspectiva de una cultura *glocal* (Robertson), que tiene como marco histórico la crisis político- institucional que se desencadenó en el año 2001 y los primeros gobiernos kirchneristas (2003-2011). A este entretejido se agrega la puesta en práctica de *la ley de la transgresión a la ley del género*[29], pues una característica compartida por cuentos y novelas es la carnavalización de las formas narrativas y la función ideológica de los personajes, a través de la intensificación de las ambivalencias que los caracterizan, muchas veces llevadas al extremo del absurdo al más puro "estilo Copi".

Las operaciones de desplazamiento, inversión, el guiño cómplice, la reversibilidad y la ironía configuran un sistema inestable y proteico que da forma a la narración en la novela *Berazachussetts* (2007) de Leandro Ávalos Blacha y los relatos de *Vienen bajando* (2011) y, en menor proporción, *El libro de los muertos vivos* (2013); en el resto de los casos se registra un discurso más canónico, pero siempre atravesados, por variantes que intentan hacer visibles aspectos antes no explorados en relación a la figura de lxs muertos vivos. Se hace funcionar, así, una compleja operación de

---

[28] Una de las parodias más logradas del género es un film canadiense, Fido (2006) dirigido por Andrew Currié, pero también es un clásico *El regreso de los muertos vivos* (1985) de D. O'Bannon.

[29] Los géneros no son categorías ontológicas sino relacionales y, por lo tanto mutan históricamente, funcionando como horizonte de escritura y permite los pactos de lectura (Derrida; Genette, 1987; Todorov ; Schaeffer, 1985)

escritura en la que entran en tensión la actitud cultual, implícita en el homenaje al género, y la mirada irrespetuosa de la parodia y la sátira política. Estos procedimientos se sostienen en la cita irreverente de los clichés de las producciones de la cultura de masas y a través de la deconstrucción de los planteos ideológicos que esos lugares comunes conllevan. En otros casos, la narración organiza un mundo que se estructura como nueva interpretación de la figura del zombi, en términos narrativos más tradicionales, con lo cual se potencia el valor metafórico de la figura que se transforma en un centro de ecos.

Los imaginarios que aparecen ligados a lxs no muertos (falta de voluntad, automatismo y abyección corporal) dialogan con los *topoi* de los films, las series, los video-juegos y los comics de las diversas sagas sobre muertos caminantes, estableciendo contrapuntos y des-figuraciones respecto de ellas. Algunos cuentos, como "La chica de la lengua desflecada" (2011:50-55) de Hernán Vanoli, llevan al paroxismo estos procedimientos con ayuda de una lógica narrativa proteica y proliferante, sumando a esas desfiguraciones alusiones al porno-zombi gay, con la forma de la metalepsis. En este relato, la estrategia narrativa se complica, también, con el agregado de caóticas referencias a hechos, personajes y detalles de la cultura y la historia argentina, estableciendo entre ellos una relación de equivalencia que no diferencia entidad ni valor: los sindicatos, los montoneros, las pastillas de cianuro, los desparecidos, los retratos de Kirchner, Cristina y Perón, los militantes de la Cámpora; "El Aleph" de J. L. Borges, los noticieros, la cumbia, la fabricación de peluches kitsch y demás.

Estos materiales, a su vez, se trabajan en clave de ciencia ficción distópica alucinada. Se crea, así, una estructura narrativa zombi, absurda, abierta, y mutante en la que los órdenes, las historias y los personajes se mezclan y contaminan, configurando un dispositivo de fuga que desborda todo control narrativo y toda previsión lectora. De este modo, se invalidan, en el territorio de la escritura, la pertinencia de categorías binarias reductoras de lo plural, y de cualquier categoría abstracta pensada como esencia. Así, el caos del 2001, y la historia argentina, pensada como carnaval caótico recurrente, cobran cuerpo a través de una escritura dislocada y nómade.

> La zombie degusta la nariz de Ordóñez como se degusta un caracú gigante o un exquisito pedazo de matambre de cerdo. Tras la primera punzada de dolor, Ordóñez empieza a sentirse bien. O, al menos, distinto. En la parte inferior del monitor, hacia la derecha, le pareció ver una pequeña esfera tornasolada, de casi intolerable fulgor. Al principio la creyó giratoria; pero entendió que era una fogata, donde los zombies ahora quemaban a policías y gendarmes. Las cuatro imágenes de la pantalla empezaron a cambiar a una gran velocidad. El diámetro de cada una sería de diez o doce centímetros, y le pareció que cada imagen (su hijo devorando a un zombie, su barrio entero fusilando a los zombies y luego preparando un guiso) era infinitas imágenes, porque Ordóñez claramente veía desde los ojos de todos los zombies del universo. Vio la Casa Rosada, vio el alba y la tarde, vio las muchedumbres en Plaza de Mayo, no se sabía si en una fiesta o en un funeral, vio una enorme pancarta en el centro de la pirámide de Mayo, vio enormes charcos disueltos en el depósito de cuerpos congelados, vio fábricas de agroalimentos, nieve, limones brillantes, vetas de metal, vapor de agua, vio barrios enteros inundados y cada una de las gotas de lluvia, vio un cáncer en el pecho, [...] vio su dormitorio con los mordisqueados restos de su mujer, vio un gabinete de keynesianos de derecha, vio rifles FAL de puntas oxidadas, en un balneario de Punta del Este, vio la delicada osatura de un par de manos cortadas, vio a los

sobrevivientes de una epopeya descarriada firmando contratos públicos, vio las sombras oblicuas de unos televisores finísimos, parpadeando en un aeropuerto inundado de militantes y de disparos, vio perros labradores, aberdeen angus premiadas, bisontes, marejadas y ejércitos, se vio haciendo el amor con la muchacha zombie en un rapto de ternura y de violencia, en primerísimos planos de un video en YouTube, mientras en cuatro patas la zombie del pelo hermoso mascullaba su nombre, vio la circulación de su propia espesa sangre, vio el engranaje del amor y la modificación de la muerte, y sintió vértigo, y quiso llorar, pero en lugar de eso amartilló su itaka, reventó el monitor de un disparo y salió a la aventura, quizás hambriento, quizás feliz, seguido a pocos metros por la diosa zombie que todavía mastica, y mastica, y mastica (55).

En este sentido, se opera un desplazamiento clave en la distribución de lo sensible que no puede dejar de leerse en términos políticos[30], porque la figura de lxs muertos vivos deja de ser telón de fondo de situaciones en las que los seres humanos deben sobrevivir, para convertir en una sola y misma carne corrupta la sociedad argentina, y el principio de descomposición del relato que rige la lógica narrativa. Así, en muchos de los cuentos se subvierte el rol secundario y marginal que les asignó el

---

[30] Señala Jacques Rancière en *El desacuerdo. Política y filosofía* (1996) que "La política es en primer lugar el conflicto acerca de las existencias de un escenario común, y la existencia y la calidad de quienes están presentes en él.[...] Hay política porque quienes no tienen derecho a ser contados como seres parlantes se hacen contar entre estos e instituyen una comunidad por el hecho de poner en común la distorsión que no es otra cosa que el enfrentamiento mismo, la contradicción de dos mundos alojados en uno solo: el mundo en que son y aquel en que no son, el mundo donde hay algo "entre" ellos y quienes no los reconocen como seres parlantes y contabilizables, y el mundo donde no hay nada" (41-42).

género a los no muertos y su falta de derecho a la palabra, para rescatar el carácter singular de una subjetividad que da derecho a convertirse en protagonistas de la *historia*, ya sea en el lugar de la víctima, del victimario, o como habitante de un espacio *entre* que liga ambas figuraciones. En algunas narraciones, como "Tan real", "Dulces sueños, Carl" o "La viuda" de *El libro de los muertos vivos* (2011), lxs zombis ocupan el centro. Se produce, así, un proceso de redistribución de los cuerpos, las actitudes, y la palabra que subraya, por inversión, el carácter arbitrario y construido del orden vigente, y el costado in-humano de los seres vivos.

De esta manera, sea porque el punto de vista narrativo se focaliza en lxs zombis para crear un efecto de interioridad compleja y llena de matices; sea porque sus acciones se convierten en eje de un relato fragmentario que explora los meandros de una experiencia histórica ambivalente; sea porque el zombi funciona como metonimia de la marginación social, el abandono y la soledad, y no solo de la *otredad* absoluta; sea porque se erosiona el binarismo aullido gutural-palabra que desde siempre definió la diferencia entre la órbita de lo humano y de lo no humano en la cultura logocéntrica, la radical diferencia por la cual esta figura ocupó un lugar secundario en la cultura de masas se convierte en discurso acusador que apunta al sujeto cartesiano del *progreso* científico, al individuo *normal* y a la *civilización* occidental y sus idealidades.

Así, la visión crítica sobre los desarrollos técnicos y científicos contemporáneos y sus consecuencias nefastas funciona como disparador del relato en "Las masas afinan" (2011, 243-254) de Valeria Tentoni, cuya línea temática queda delineada en el epígrafe de Frank Zappa que, además, permite establecer la conexión entre la canción del guitarrista, "Zomby Woof" y la afinación del instrumento que la convertirá en realidad, a través de las masas infectadas. El cuento vincula una explosión en el Polo Petroquímico de la ciudad de Bahía Blanca con el surgimiento de una multitud de zombis que avanzan sobre la ciudad de Buenos Aires devorando lo que encuentran a su paso y contagiando a lxs seres humanos, porque el gobierno después de la explosión, solo preocupado por los vivos, no se había hecho cargo de los muertos cuyos cadáveres quedaron abandonados, como si fueran cosas inservibles, y sometidos a los efectos de los gases contaminantes. Este primer gesto de no reconocimiento del valor de esos cuerpos, de esas vidas truncadas, que quedaron expuestos a los agentes químicos, será el germen de la destrucción de la sociedad a manera de búmeran.

Sobre este lugar común del género (una falla ocasionada por el desarrollo tecnológico y la ineficacia del gobierno para actuar) se produce una catástrofe que afectará a los seres humanos vivos, ya que serán perseguidos y devorados por las hordas zombis. Este escenario apocalíptico se monta sobre una historia de amor interrumpida para siempre. Jimena, la ex novia del protagonista, es una de las personas afectadas por la explosión, y este hecho determina un final más cruel que la distancia o la muerte. En él se pone al desnudo el carácter irreductible de la otredad que se proyecta sobre la figura de lxs muertos vivos y su condición de víctima que regresa para exhibir la violencia escenificada en su propio cuerpo, infectando a los vivos que no respetaron ni su vida ni su muerte, y han actuado con ellos como si fueran invisibles.

El personaje central, Maximiliano, no *puede* mirar a los muertos-vivos, no *debe* mirarlos, cuando huye aterrado del avance de la masa zombi por el túnel del subterráneo. En la decisión de no mirar se evidencia, además, la afinidad entre el horror y la visión. La escena de lxs no muertos avanzando sobre él es *inmirable* por la repugnancia y el miedo que suscita, y porque ese miedo paraliza, deja inerme y provoca la identificación con ellos. Jimena, la ex novia ahora zombi, se convierte en Medusa, la Gorgona pintada por Caravaggio como figura del espanto. En ella se condensa la repugnancia y el poder petrificador del horror (Cavarero).

La unicidad del cadáver, que todavía refiere al cuerpo singular de los seres humanos, en la figura de lxs zombi se transforma en el espectáculo insoportable de desfiguración del cuerpo, su desorden radical. La mujer amada es ahora carne estallada, quemada y en proceso de putrefacción, pero ese cuerpo no despierta ni amor, ni compasión ni deseo, como en el relato "Tania", en *El libro de los muertos vivos* (2013):

> Un grupo de zombis avanzaba hacia él, por las vías. Estaban teñidos del azul metálico de las luces de emergencia, pero podía distinguirse su piel, las lonjas de carne mortecina, su bocas abiertas babeando. [...] Tres zombis iban tras él. Intentó levantar su cuerpo, no quería mirar No tenía que mirar. Pero miró: uno de los zombis era Jimena.
>
> [...] Jimena era eso: un azul deforme y siniestro que se le venía encima. Jimena era también todos ellos, ese ejército petroquímico. Volvía a él convertida en ese olor rancio que ahora sabía, provenía de los zombis: azufre. Llevaba puesto los mismos jeans que había usado para decirle esto es lo mejor para los dos, pero ahora estaban cubiertos de brea, o algo parecido. Una suciedad pegajosa que se movía con ella, hacia adelante, hacia él. (251)

El *corpus*-zombi abre la disputa respecto de la constitución de la *esthesis* de la sociedad, lo visible y lo invisible. Discute la partición sensible de un espacio en el que que determinados cuerpos no tendrían derecho a estar porque son excluidos por la lógica que diferencia a los seres que no pueden hablar, de los hombres que poseen la palabra, y por ello tienen derecho a ocupar el espacio público, hacer y decidir el rostro presente y futuro de la historia. En el relato de Valeria Tentoni, lo que resulta insoportable para los seres humanos vivos es la ocupación del espacio común por parte de seres que deberían estar del otro lado de la frontera de lo humano pero, sobre todo, el reconocimiento que la palabra o el ruido no son criterios de diferenciación sino un modo de determinar qué es lo legible y por tanto ocupa el lugar del sujeto, y qué lo ilegible, y por tanto lo abyecto excluido (Rancière 1996: 40).

En otra de las reescrituras del género, "Tan real" (2013: 21-29) de Leandro Ávalos Blacha, se retoma el lugar común de la alienación para carnavalizarlo y multiplicar sus sentidos contradictorios. En este relato tragicómico se construye un mundo en el que han sido desdibujados los supuestos límites entre posible e imposible, y la distribución que a cada instancia le correspondería. La materialidad corporal y el comportamiento zombi funcionan como punto de fuga de la ambigüedad de la historia. Cuerpo y conducta contaminan los cuerpos-otros de los disfrazados y de los espectadores de la caminata zombi, y contagian las acciones y reacciones de los personajes, infestando de ficción la realidad, y volviendo ficción lo real a través de una metalepsis que no permite diferencias.

La narración se desarrolla en el marco de un desfile de no-muertos que, a modo de mascarada, circula desde Plaza San Martín hacia el Obelisco bajo el irónico lema "Mientras exista en el mundo un niño con hambre, los zombis seguirán marchando" (27). Esta teatralización *gore* y pintoresca del deambular zombi por la ciudad de Buenos Aires confunde a los peatones, dejándolos boquiabiertos por el logrado *efecto realidad* del simulacro. La espectacularidad de la escena, con roles bien repartidos (los zombis marchan por una causa solidaria y ejecutan su papel siguiendo el dictado del género; la gente mira fascinada, comenta y saca fotos), es interrumpida por los gemidos y la antropofagia de Blanca, una muerta-viva *verdadera*, que apenas se distingue del resto.

> su andar encorvado que arrastraba unas zapatillas deportivas y un pantalón de gimnasia destruidos, una corta camisita *drifit*, y un aparato ajustado en la cintura que vibraba para tonificar los abdominales hacía voltear a la gente para mirarla.[...] Blanca tenía el pelo, la cara y el cuerpo cubiertos de sangre" (22).

El texto se organiza a partir de la irrupción del cuerpo-zombi "real" de Blanca en el desfile de cuerpos disfrazados de zombis. De esta manera, una serie de quiasmos ponen en funcionamiento recorridos en los que no se diferencia el afuera y el adentro: los muertos-vivos producidos por los efectos especiales del disfraz y del maquillaje son indistinguibles de lxs *verdaderos* según la construcción que hacen de ellxs los filmes y teleseries; y la no-muerta Blanca, en su delgadez y automatismos extremos, no se diferencia de otras tantas mujeres esclavas del *fitness* que han decidido morirse de hambre o someterse a dietas vegetarianas improbables para construir su cuerpo de acuerdo a las imposiciones del mercado. Ahora bien, contrariamente a ese modelo ideal de mujer que apenas come, Blanca devora de manera insaciable carne humana y tiene sangre en la boca y en todo el cuerpo, como los no-muertos ficcionales que parecen reales del desfile. Por otro lado, la caminata zombi es, irónicamente, una protesta por el hambre del mundo, y, en este sentido, transforma la certeza de una realidad injusta, en espejo paródico de la paranoia que la sociedad inmunitaria ha proyectado como antropofagia contagiosa y aniquiladora en lxs no-muertos, que funcionan como equivalencia de los hambreados del capitalismo. Finalmente, la lucha consciente para contrarrestar los kilos de más a través del uso del *Slender shaper* y la dieta rigurosa, que se han hecho carne en el cuerpo de Blanca, se tensionan con el desplazamiento que ese dispositivo tecnológico produce en el personaje, trasladando las funciones del cerebro al estómago y los jugos gástricos.

Colonizada por el mandato de *caminar-comer-caminar-comer* para estar en forma, y el uso de dietas extremas, que han erosionado su capacidad de decidir por sí misma, Blanca se convierte en un cuerpo vaciado. Esta transformación la esclaviza a una nueva pulsión, el hambre, que antes había sido reprimido y sustituido por la dieta y el ejercicio físicos sin control (26). Su *otro* expulsado regresa convertido en monstruo. A partir de un *frame* típico de la serie zombi (la irrupción de lo siniestro en lo cotidiano y la subsiguiente estampida motivada por el terror colectivo), la narración produce una voluta que abre un instancias en las que se pueden leer el proceso de zombificación inadvertido que aliena al hombre contemporáneo; la rebelión del cuerpo disciplinado y sometido al imperativo del modelo ideal mercantilizado y fabricado por el sistema; y la erosión del binarismo civilización/barbarie visible en la dialéctica de la violencia que se configura entre la figura del no-muerto y la multitud (24).

El humor negro opera, así, como estrategia que destotaliza el relato cristalizado sobre la alienación y la peligrosidad zombi, para invertir la dirección de la crítica y dirigirla, a través de la hipérbole, hacia la sociedad "del cansancio" en la que el sujeto se autoexige el cumplimiento de un ideal inalcanzable, en una afirmación absoluta del "todo se puede", que no hace otra cosa que crear seres degradados en sus posibilidades vitales, con la confusión de libertad con auto-coacción, y las vuelve personas desgraciadas, fracasadas y violentas (Chul Han 2010:26). El relato lleva a cabo, así, un proceso de contra-interpretación en loa sentidos que suscita la figura del zombi, ampliando las significaciones obturadas por el cliché impuesto por la industria del espectáculo.

La ostensible condición de literatura de segundo grado (Genette 1984) que posee las producciones literarias y fílmicas de los no-muertos, desde su emergencia en el primer film de G. Romero, nacido de la relectura de *Soy leyenda* de Matheson, quien a su vez releyó antes *Drácula* de Stoker, se potencia en la narrativa argentina actual sobre zombis que es, además de reescritura del género, su institucionalización cultual en los bordes del mercado. Precisamente por eso, pone en crisis los presupuestos dando vida a lo que por cosificación corría el riesgo de zombificarse y subsistir como escritura ni muerta ni viva. En este mundo, *la muerte ya no es lo que solía ser* y se ha convertido en "síndrome de fallecimiento parcial" (*In the flesh*). Pero, lo que está parcialmente muerto, no está muerto, y con la vida siempre puede hacerse algo nuevo: doble potencia de la figura de lxs zombis que explica su proliferación infinita en nuestro siglo, su disciplinamiento, pero también sus rebeliones.

El proceso de revitalización iconoclasta característico de la narrativa del corpus de autores argentinos rinde culto a lo que saquea, recorta, tajea, y reelabora. Estos procedimientos posvanguardistas, ponen al descubierto varias cuestiones: los relatos sobre zombis no han sido traducidos totalmente al código del mercado ni incluidos en el canon; su entramado revela el reciclaje del *kitsch* gastronómico y *gore* de las sagas de muertos-vivos del cine y la TV norteamericanos, con el doblez del gesto *camp*. Las narraciones ponen en marcha un proceso de transvaloración y complejización de los binarismos naturalizados por la cultura de masas, convirtiendo este reciclaje del género en disparador de una pluralidad significativa que con el cambio de contexto abre nuevas posibilidades interpretativas en relación a la historia argentina y a la sociedad global en la era del postcapitalismo.

La estética del género, desde los años '60 hasta el presente, reproduce en su cuerpo la monstruosidad y la ambivalencia de los personajes, y en ella predomina una partición de lo sensible que se encuadra en lo que Jacques Rancière (1996 y 2008) denomina *orden representativo*. Esta característica determina un *sensorium* en el que la luz está puesta sobre las acciones, los personajes ejemplares y las jerarquías que representan. Se observa un ordenamiento policial[31] de los cuerpos que distribuye quién puede tener la palabra y quién no, quién mostrará un cuerpo activo, y quién está condenado a la pasividad, quién piensa y quién no, quién escribe la historia, y quién queda excluido de ella, quién representa a la civilización y quién a la barbarie, quién debe vivir y quién ser aniquilado.

Con esta distribución, no se está afirmando que hay relación causal entre la política artística y la distribución de lo sensible, decidida por quién produce la obra y los efectos de sentido que desencadenaría en la recepción, porque las artes audiovisuales y la literatura están atravesadas por el disenso y las paradojas, y los sentidos quedan en suspenso y se resignifica según el encuadre, que forma parte del sentido. Sin embargo, en la recepción ingenua, gastronómica, hay una tendencia a consumir de acuerdo a un modelo cristalizado: la leyenda ejemplar, que estructura su mundo con la lógica de la guerra y necesita del enemigo exterior para poder funcionar narrativamente. Ese modelo muchas veces coincide con el ideal que se expresa en las ficciones que organizan sus materiales desde el punto de vista de la política de quien la produce, en la que no es

---

[31] Jacques Rancière (1996) propone designar "policía" (del gr. *politeia*) al conjunto de los procesos por los cuales se efectúa la integración y el consentimiento de las colectividades, la organización de los poderes, la distribución de los lugares y funciones, la legitimación de esas distribuciones. Lo policial define una organización de cuerpos según una ley que determina qué es visible y qué no, qué es palabra y qué ruido, que es actividad y qué pasividad. Es decir, establece las divisiones entre los modos de ser, de hacer y de decir (43-44).

determinante solo la figura del autor, sino la de los productores, las empresas que los contratan y la lógica de los medios.

En el caso del grupo de obras de escritores argentinos, se puede observar la deconstrucción del relato zombi cristalizado porque las narraciones se organizan, mayoritariamente, de acuerdo a un *orden estético* que erosiona la maquinaria del consenso, es decir, la paridad entre un modo de presentación sensible y un aparato de interpretación y unos efectos certeros que provocaría ese sensible presentado (Rancière, 2008:69). De esta manera, los relatos producen una escritura zombi y antropofágica[32], en la que se inscribe la tensión de un pensamiento no pensado y un saber no sabido en las imágenes y las palabras, y, de ese modo, se genera el desborde de todo límite ideológico, por la pulsión incontrolable de un cuerpo en el que se entretejen, confunden y proliferan los sentidos de signo contrario.

A nivel formal, los textos, como el cuerpo del no-muerto, exhiben la fragmentación de su superficie, hecha de injertos de trozos de otros cuerpos, y colocan en primer plano el detalle, la costura y el tajo, erosionando la piel tersa y maquillada que debería ocultar el caos de los órganos en descomposición. En los relatos, es posible constatar un trabajo de marquetería neo-barroco que no quiere ocultar los préstamos, la apropiación y el uso de restos y desechos de otros corpus con los que dialoga y polemiza. Se produce, de esta manera, un juego que arma y desarma las situaciones hipercodificadas y los lugares comunes del género, desbaratando también, con esta estrategia escritural, los presupuestos ideológicos y las lecturas críticas estratificadas que han construido por sedimentación los significados sociales y políticos de la serie zombi en sus concreciones históricas: novelas y cuentos, films, teleseries, video-juegos, historietas, video-clips, música.

---

[32] El término antropofagia o canibalismo se utiliza en la cultura latinoamericana para designar una práctica transgresora de erosión de límites y reconfiguración irrespetuosa de las relaciones interculturales, caracterizada por la indisciplina de las disciplinas, los cruces e hibridaciones, la creación de nuevas cartografías, y el devoramiento de límites culturales, artísticos y disciplinares (Browne Sartori).

En "Cerca del estanque de los patos", Diana Silva (2013) construye un relato, al principio, focalizado en la mirada crítica del Señor Bensoni, un ex-pobre en proceso de ascenso social y económico que puede percibir, a pesar de su cambio de estatus, la trivialidad y las falsas apariencias que caracteriza el círculo elitista que ha comenzado a frecuentar por insistencia de su esposa. Se advierte en las opiniones del personaje una suerte de contrapunto entre la marca de nuevo rico que lo estigmatiza frente a los demás y la "podredumbre moral irrefutable" (32) que ese mundo revela, significada en uno de los más conspicuos miembros del círculo social que lo margina y mira sobre el hombro (31). Los prejuicios de un lado y del otro son el invitado principal de la fiesta, en la que se percibe una mirada crítica textual que ridiculiza los rituales de las clases poderosas y pone en evidencia sus secretos, bajezas y traiciones.

Paulatinamente, la reunión social en la que participan todos, *buenos* y *malos*, va develando sus aspectos siniestros, ya que quienes deben servir, los mozos, muestran en el comportamiento y en ciertos detalles reveladores, la boca y las manos, su condición de no-muertos, mientras que el olor a descomposición se hace cada vez más notorio. Finalmente, se desata un aquelarre caníbal en el que empleados, anfitriones e invitados comienzan a deglutirse entre sí. En medio del caos, los que aún pueden comprender qué está sucediendo e intentan huir, toman conciencia también de que no se puede interferir en la labor de la muerte y lo único que le queda a los seres humanos es dejarse arrastrar, obedientes, al sepulcro pantanoso que les estaba destinado desde el momento en que nacieron. Danza macabra en forma de relato: la fiesta de la vida es también el camino hacia la muerte, y no solo el escenario de las bajezas del hombre.

El texto toma un lugar común del cine (las reuniones sociales de la gente que pertenece al círculo de los privilegiados, sus oscuros intereses y su irrupción de la catástrofe), y la interpretación cristalizada que implica esa matriz narrativa (la corrupción castigada por los excluidos de "la fiesta", y la reflexión sobre la condición mortal del hombre), para convertir a través del humor negro lo que podría haber sido un auto-sacramental burgués y biempensante sobre *la vanidad de las vanidades y la sanción ética de los malos*, en vodevil cínico y desencantado que señala que todo da lo mismo.

El cuento, que gira en torno del evento organizado por el poderoso señor Alegre, en su casa, para festejar su milagrosa cura de una extraña enfermedad, gracias a periódicas purificaciones de sangre en Suiza, se ríe con escepticismo de los premios y castigos morales, la lucha de clases y la denuncia de la podredumbre de los ricos. Unos y otros terminan siendo zombis, o fragmentos de cadáveres. Lo real es que, al final, todos, absolutamente todos van a parar a la común putrefacción del barro sobre el que se asienta el estanque donde nadan, sin pensar en la vida y la muerte, los patos. El ciclo de la vida seguirá con sus nacimientos y sus muertes a pesar de la voluntad de los hombres que buscando engendrar artificialmente la posibilidad de la inmortalidad, solo consiguen armar un simulacro abyecto y contaminante de existencia.

> Una mano corrupta brotó de la tierra llena de fango y lo tomó de un tobillo. Otro brazo pútrido se sumó y empezaron a remolcar su cuerpo hacia el estanque. El licenciado Reyes sintió las mordidas y la separación de su carne de los huesos, y para no interferir en la labor destructiva de la muerte, se dejó arrastrar obediente hasta su sepulcro pantanoso (42)

¿Pensamiento desencantado, funcional al sistema, hijo de la debacle del 2001? Los sentidos quedan en suspenso. En el agua del estanque, todo se hunde y pudre; lo único que flota y persiste son los patos y la sabiduría de su silencio. El problema está en saber si lo que está debajo del espejo de agua, que se creó para adornar los jardines de la opulencia, no es justamente un signo de lo otro que retorna más allá del intento de la técnica, las ciencias y el poder económico capitalistas: la putrefacción, la degradación y la muerte. Lo dice el mito: el hombre está hecho de barro, y como en las leyendas medievales, siempre una mano emerge de las aguas para recobrar lo que prestó por un tiempo.

En "Dulces sueños, Carl" (2013:45-47) de J. M. Valentutti, la figura del zombi se desprende de la masa para tomar uno de los lugares centrales de la historia. El cuento, retoma la matriz a la que ya había apelado en 1954 Matheson en *Soy leyenda*, la del último ser humano vivo después la catástrofe que engendró a lxs no-muertos. En medio de este escenario postapocalíptico, se inserta una parodia del *frame* del duelo final entre héroe y antihéroe característica de los films y series sobre el lejano Oeste, porque el género zombi lo devora y recicla todo. El relato propone, entonces, la relación uno a uno, y si bien la muchedumbre zombi no desaparece, es mero telón de fondo del conflicto central entre el zombi que desafía al hombre, sintiéndose superior, y el hombre que espera matarlo al final de la historia.

El lenguaje del discurso narrativo, indeciso entre el cliché y la parodia, construye un mundo dividido en dos. En el interior de su hogar, Carl pasa los días matando zombis con el rifle, parapetado en su balcón y sabiendo que es el último ser humano que queda. Le gusta sentir que tiene el control de la situación pues esos seres deformes que ve en la lejanía son como muñecos de paja para él, no un peligro sino un entretenimiento. Sin embargo, su vida no cobra sentido por la rutina de jugar a matarlos como si fueran blancos móviles. Hay un único enemigo que le interesa. Es el único que está a su nivel y que todas las noches le habla a través del contestador para decirle que no podrá matarlo y que él va a terminar devorándoselo.

El desvío conduce a la construcción de un zombi que toma la palabra y piensa, un igual al hombre que, no obstante, exhibe en la carne los signos de la diferencia: la putrefacción de su cabeza, la caída del cabello y la silueta descarnada. Tal vez un anticipo alegórico del destino reservado para todos. La rivalidad y la conciencia de que uno necesita del otro, los mantiene "vivos" y los convierte en opuestos complementarios. La soledad, para el hombre, es más terrible que la posibilidad de la muerte, y ahí radica su debilidad. Si bien la figura del zombi se humaniza en el relato (piensa, desafía, llama por teléfono a su contendiente le compra balas para que pueda continuar el juego) no por ello desaparecen sus aspectos siniestros.

El enemigo absoluto se vuelve antagonista necesario (sin lo abyecto expulsado no existe el sujeto) para tejer la trama de una historia en la que el hombre va a desaparecer tarde o temprano, devorado por quién ha demostrado poder sobrevivir a la muerte. La figura del zombi toma la palabra para equilibrar las fuerzas en pugna del duelo que se prolonga en el tiempo, y del que sabe va a ser finalmente ganador, porque es quien desde el infierno de lo real tiene el control de la historia y la escribe. Por eso, como un emisario paternal y sarcástico, todas las noches puede desearle "Dulces sueños" (47), a su futura víctima que sigue creyendo que el hombre domina la historia.

En este contexto, la toma de la palabra es un modo de figurar la voluntad de poderío. Se repite así el relato darwinista sobre la vida y la muerte, pero invertido: el hombre ha perdido la capacidad de inmunizarse y vence la enfermedad por él mismo creada. El cuento no puede ocultar las aporías que lo organizan porque si bien propone una política igualitaria de cuerpos y de voces entre el hombre y el muerto-vivo, con ese mismo gesto la borra configurando un universo ficcional que está marcado por la inversión de roles pero no por la erosión de binarismos. El triunfo final, individualista y violento, sigue siendo para el más fuerte. Pero el texto habilita también una reflexión sobre la inutilidad de sobrevivir en un mundo sin seres humanos, ya que la soledad se presenta como peor que la muerte y, en este sentido, este relato se articula con el cuento de Luciana de Luca "La viuda" (2013:49-54).

En esta narración, perteneciente a la antología *El libro de los muertos vivos* (2013), se deja a lado la ironía y el humor, para desarrollar una visión intimista y brutal de la vejez, que es construida como un progresivo proceso de abandono y pérdida. El que queda vivo, con el correr del tiempo, se convierte en testigo impotente y solitario de la muerte o la lejanía de los seres cuyo afecto y compañía justificaban la existencia: sus allegados. En su aislamiento obligado, la viuda queda cercada en el interior de su casa, para no enfrentar la violencia de un mundo impiadoso, cuya sinécdoque está constituida en el relato por "los hijos de los desconocidos", que ella siente que la persiguen con su agresividad animal (51).

La historia se focaliza en la singularidad de una vida sin nombre, determinada por un rol social y configurada por la falta. Esa carencia se explicita en la designación genérica del estado civil que da título al relato y la singulariza como personaje: *la viuda*. A esa condición, marcada por la pérdida, se le suman otras ausencias que la vejez hace más terribles: la lejanía de los hijos, la soledad, el anonimato y la decadencia vital. El problema de la contaminación de la vida por la muerte aparece como la consecuencia lógica del paso del tiempo, que empobrece y aliena la experiencia vital de los seres humanos:

> Se le fue enfriando la sangre, algo se le llevó la muerte de a poco, como quien hace una mudanza y va sacando muebles insignificantes para no modificar demasiado pero de repente no quedan más que sombras de años de muebles pegados a la pared, una nube de moscas de la fruta desesperadas de hambre en la cocina sin restos que comer. (50)

En esa *no-vida* ya no hay lugar para el amor, solo para el odio, y la pulsión destructiva que anida en el cuerpo se hace visible en el deterioro que produce la vejez. Sin embargo, paradójicamente, ese proceso destructivo termina convirtiéndose en una *no-muerte*, que será para el personaje un renacer a la plenitud salvaje de la animalidad más allá del bien y del mal, con la misma impiedad de la vida. El personaje muerto-vivo es, en "La viuda", inverso al del cuento anterior, porque si bien el narrador externo pone el foco en su interioridad (sus sentimientos y sus recuerdos), la palabra del personaje es reemplazada por un alarido sordo y gutural, que marca su des-humanización, mientras que la carne decadente es atravesada por una nueva energía. El cuerpo recupera la agilidad, las ansias, el deseo de devorar la vida, pero la viuda ha convertido la violencia en el único lenguaje a través del cual se pone en contacto con los otros. Solo puede matar y devorar a quiénes percibe como sus enemigos y a los que no ve ya como *lobos*, que pueden devorarla, sino como *ratas* que es necesario destruir, en un acto de paranoia que se articula con los miedos y la agresividad de la sociedad actual.

La viuda es consciente de la transformación que se opera en ella; este hecho le permite volver a la vida con la agresividad sin límites de un instinto vital que opera sin culpa y sin normas sociales que lo detengan. El proceso de zombificación se resignifica como superación de la pérdida y revancha. Pero esta superación implica la negación del otro como humano, porque la amargura, letal, se vuelve contra el mundo para devorarlo sin piedad y con sus mismas armas:

> El bastón se levanta, después lo sigue la mano,
> el brazo golpea el lomo de la rata-niño que le
> roba la comida. […] al aire queda la rosa
> tornasolada del cerebro, fresca, todavía latiendo
> suave, jugosa. […] Vuelve a meter los dedos.
> Arranca un pedazo blando, que empieza a
> coagularse, se lo lleva a la boca y mastica. (54)

Al igual que en la narración anterior, el no-muerto se separa de la horda y recupera su individualidad, pero la propuesta instala un binarismo que toma la forma de lo siempre igual: el diferente, convertido en otro, debe ser cosificado y aniquilado, para que la vida se potencie y continúe. Por otra parte, y paradójicamente, estos dos relatos ("Buenas noches, Carl" y "La viuda") revelan que el hombre no está preparado para afrontar la soledad y el aislamiento, sin riesgo de perderse como ser humano. La figura de lxs zombis, en ambos casos, muestra que la dialéctica yo-otro no se puede imaginar sin violencia ni miedo a la contaminación. Se recupera, sin embargo, la posibilidad de imaginar la ambivalente complejidad de la existencia, y descubrir que la carne (sus límites, sus apetencias, su condición mortal) es la página en la que se inscribe esa imagen contradictoria de lo humano, y el límite opaco del pensamiento.

Entre "Tan real", "Buenas noches, Carl" y "La viuda", se configura un itinerario en el que la figura de lxs zombis funciona como un significante que circula y muta. En esa circulación señala, como una cinta de Moebius, los lugares inestables que ocupa las figuraciones del sujeto y su otro negado. En las tres narraciones, la vida del hombre aparece absolutamente aislada de la dimensión comunitaria, es la expresión de un neonarcisismo que lleva a la desaparición de la intersubjetividad. Ser un muerto-vivo, desde la perspectiva de estos cuentos, es autoalienarse convirtiendo en mandato subjetivo el disciplinamiento social; o perder la posibilidad de experimentar solidariamente al otro, como un ser diferente y singular con el cual es deseable construir la existencia cotidiana.

El regreso de la plaga zombi: apuntes sobre un reciclaje inestable y político

En otra de las inflexiones del arco abierto por el género, lxs zombis retoman su rol tradicional de masa alienada. Uno de los itienerarios es el que traza "Ni yankys, ni Marxistas...¡Zombies Peronistas!" (2013:87-103) de Sebastián Pandolfelli. En este cuento, se retoman algunos tópicos del género, y se entretejen con la historia del peronismo como movimiento sustentando en la relación entre las masas populares y su líder carismático. Este cruce presupone un período de la historia argentina que va desde 1945 hasta el gobierno de Cristina Kirchner, y la presenta como un chiste de humor negro, un relato gótico paródico en el que lo espectros del pasado contaminan el presente, cuando no son solamente objetos de museo.

Los fantasmas del peronismo cobran corporeidad y funcionan como dioses tutelares a través de los retratos que inmortalizan sus figuras, en el contexto de un país donde nada se toma en serio. La sinécdoque de esta visión se localiza en un museo situado en el conurbano bonaerense que está organizado con la estructura caótica del cambalache. Sin embargo, el presente en el que se sitúa el relato está configurado por una coyuntura signada por la dicotómica neoliberalismo/populismo, materializada por algunas alusiones al gobierno del ingeniero Mauricio Macri en la ciudad de Buenos Aires y de Cristina Fernández de Kirchner, a quien nunca se nombra, en la Nación. Uno es presentado como un decorador de exteriores y la otra sepultada en el silencio. La visión crítica y el desencanto se hacen notar de nuevo y afectan tanto la mirada sobre la política partidista como a los personajes que representan ficcionalmente a esos partidos. Sin embargo, el eje, en este relato, está constituido por la Provincia de Buenos Aires y su folklore peronista.

Así, en el universo fantasmal propuesto por la ficción, transitan los espectros de Perón y Evita, Roland Richter, Camporita (convertido en mascota perruna), Herminio Iglesias, Manuel Quindimil, el Turco, la Chiche, el Cabezón Duhalde y Néstor y, junto a ellos, los lugares comunes de la nacionalidad: el dulce de leche, la birome, el obelisco, el choripán y la damajuana de vino, la marcha peronista, el auto unión, el Pulqui, la heladera SIAM, y el sifón Drago. Se construye de este modo una realidad cooptada por la nostalgia y el pasado, en la que el futuro no se avizora ni siquiera como posibilidad.

El personaje que funciona como disparador de la presencia de los muertos-vivos en el municipio de Lanús es un científico estadounidense, marcado por el trauma de haber visto morir, en las garras de un oso, a su padre. A partir de esa experiencia que perturba su personalidad, Jhonn (Sic.) Sunday, una obvia referencia a Juan Domingo Perón, se jura a sí mismo vencer la muerte, y al llegar a la adultez comienza a experimentar con drogas para crear una fórmula que haga a los hombres inmortales.

En este punto se hace notorio el proceso de indiferenciación de personajes e ideas que produce el texto y tiene su punto de fuga en el significante *veneno*. La tetradotoxina del pez globo, la planta *datura extramonium*, el extracto de piel de rana, la sopa en sobrecitos, el fernet Branca y la cerveza Quilmes forman parte de la misma mezcla caótica que producirá zombis. Esta droga no reconoce diferencias entre las pócimas del bokor haitiano y los productos de consumo popular de venta en el supermercado y esta confusión es una línea de lectura que se mantendrá a lo largo del relato. La no diferenciación de los marcos referenciales de estos elementos, si bien por un lado carnavaliza el origen de los zombis, por el otro anticipa la hipérbole negativa con la que se construye el mundo posible de la historia, metonimia de la desesperanza desatada por la traición a las utopías populares por parte de la dirigencia política argentina.

Los cruces y analogías se repiten en la equivalencia que se traza entre el falso científico austríaco Ronald Richter, que engañó a Perón con sus experiencias en la isla Huemul, y el norteamericano Jhonn Sunday, pues el segundo emula el ejemplo del primero y decide viajar a Argentina por tratarse de "un país extraordinario donde cualquiera podía hacer experimentos libremente y nadie cuestionaba nunca a un científico extranjero" (89). Pero los puntos de contacto no se detienen allí; como la leyenda negra tejida en torno al Juan Domingo argentino, Sunday es acusado en su país de haber acosado a una estudiante y debe exiliarse. De modo que el texto rápidamente da forma de sátira política a los sentidos que abre una historia en la que los zombis son la excusa para contar la crisis político institucional de la nación y el desencanto de una generación para los cuales el caos del 2001 fue el acontecimiento que marcó de manera decisiva su experiencia histórica, en el contexto de un país donde el oportunismo político, las traiciones y las crisis económico-institucionales son recursivas.

J. Sunday debe huir de Estados Unidos para exiliarse en Argentina y, en esas circunstancias, el nuevo territorio donde experimentará su droga con seres humanos se organiza irónicamente en base a los lugares comunes del discurso chauvinista y soberbio que se le atribuye a los argentinos. Así, se describe al obelisco como "Ese falo erguido en medio de la ciudad que pusieron ahí para mostrarle al mundo que los argentinos tiene la más larga, la más ancha y que son 're porongas'"(2013, 90). En este sentido, la tensión entre voces contradictorias de la parodia se disuelve muchas veces y se impone un monologismo que construye un presente alienado y asfixiado por la repetición del pasado que se metaforiza como reproducción de la historia pero en clave de farsa zombi.

> [J. Sunday...] se enteró de que el partido político dominante era ése que siempre había apoyado el desarrollo científico. También descubrió que existían unos pequeños poblados llamados "villas miserias" donde habitaba toda clase de gente. ¡Y qué mejor lugar para un científico que pretende experimentar

> con vidas humanas. Ahí nomás sacó pasaje y se subió a un Boeing de Aerolíneas Argentinas. Se subió, pero el avión no despegaba porque los empleados estaban en huelga y el vuelo se demoró tres días (89-90).

El relato fusiona la parodia del género con la crítica risueña al folklore peronista y las prácticas políticas con las que lo caracteriza. Por eso, el microcosmos elegido para narrar la historia es una Unidad Básica de Villa Diamante, lugar al que un conductor de remís envía a Jhonn Sunday porque los peronistas "siempre están ahí rascándose las bolas"(90). En ese lugar, luego de encontrarse con un morocho disfrazado de zombi y un colt 38 en la mano se une al resto y, casi sin transición, se convierte en quien desatará la plaga de no-muertos, al revivir con su droga a la mascota del grupo, un perro llamado "Camporita".

Este hecho, activa en los "tres soldados justicialistas" de la Unidad Básica el deseo de "cambiar el curso de la historia" (95) reviviendo a Don Manuel Quindimil, el caudillo de la República Independiente de Lanús, un peronista tradicional. En esta secuencia, se produce otro guiño al presente político, pues se deja de lado con un elocuente silencio la idea de hacer lo propio con "Néstor", tal como propone el científico que a esa altura se ha convertido en un ferviente peronista. Curiosamente el relato, pródigo en nombres y apellidos justicialistas de diferentes sectores, no menciona en ninguna ocasión a Cristina Fernández, quien era presidente de la Nación por esos días. Así, entre lo que se dice y lo que no se dice, la historia se teje como posibilidad imposible de cambiar el presente insatisfactorio reviviendo los espectros de un pasado muerto.

Desde esta perspectiva, se carga de sentido el hecho de que sea "Camporita", el perro, quien funciona como agente de contagio y convierta a todo el que muerde en zombi. Es una doble alusión que entrecruza la evocación de la figura de Héctor José Cámpora y la referencia a La Cámpora, un grupo de jóvenes militantes, demonizados por el discurso opositor neoliberal y algunos sectores del peronismo. Paralelamente, y subrayando la idea de que la historia se repite como farsa,

Quindimil, ex intendente del partido de Lanús en la Provincia de Buenos Aires, resucita convertido en un muerto-vivo que reemplaza el sonido gutural característico de los zombis, por la repetición vacía de la palabra "compañeros".

Los tres "soldados justicialistas"[33], convertido Sunday también en un zombi por la mordida de Quindimil, toman a su cargo la escritura del desenlace de la historia, reivindicando el rol de las bases en la gesta peronista. Matan a Quindimil y a Sunday porque los espectros del pasado no hacen otra cosa que vampirizar el presente, y regresan a la Unidad Básica para acabar con el resto de los zombis, que en su ausencia se han ido reproduciendo. Se construye, de este modo, una alegoría política ambivalente, que al mismo tiempo que en el título hace referencia al *entrelugar* que caracteriza al peronismo, en la doble oposición al liberalismo norteamericano y la izquierda marxista, no deja de trazar un gesto irónico sobre esa tercera posición y marcar que las masas peronistas por efecto de "Camporita" se han convertido en muertos-vivos sin conciencia.

En esta visión crítica y desencantada del presente, el futuro permanece cancelado e impensable. El impulso bélico de los tres militantes, Miguelito, el Toto y Cacho, si bien rescata la potencia de las tácticas populares y la astucia política para vencer a los enemigos, y dinamitando todo lo que está en estado de deterioro severo, no imagina un proyecto para el mañana más allá de la destrucción de la estructura que sostiene al peronismo, simbolizada en el Puente de la Noria y sus bases incrustadas en las aguas pútridas del Riachuelo:

> El rastrojero, con la marcha que nunca se marchita, era como un flautista de Hamelin atrayendo a los cadáveres andantes. En un rato llegaron al Puente Alsina y se detuvieron en el medio. Justo sobre el Riachuelo. Ahí Cacho y

---

[33] El texto no usa en ningún momento la palabra militante, cargada de sentido en el seno del enfrentamiento kirchnerismo / antikirchnerismo, dentro del peronismo.

Toto entendieron el plan. Dividieron los cartuchos de dinamita y salieron a colocarlos en las bases de la construcción. [...] El puente estaba tan viejo que con menos pólvora que esa se vendría abajo. Miguelito seguía cantando emocionado a través del megáfono. Cuando los otros dieron el ok, se bajó del camión y fue con ellos a refugiarse a tierra firme, detrás de un colectivo abandonado. Cientos de muertos vivos escuchaban la música y cantaban en el centro del puente. "Con la gran masa del pueblo ... combatiendo al capital..." [...] Segundos después, cuatro explosiones y el Puente Alsina se derrumbó. Los zombis cayeron al Riachuelo y empezaron a derretirse. Algunos tiraban manotazos intentando zafar, pero el río está tan contaminado que corroe todo lo que cae ahí. (2011:102-103)

El cuento desarrolla una crítica sarcástica y pesimista del presente, centrada en los estereotipos más negativos del peronismo. La leyenda del bien y del mal enfrentados se reescribe a modo de carnaval político. El final sanciona la muerte de los zombis que infectaban y canibalizaban Villa Diamante, pero nadie parece estar preocupado por la filtración de algunos hacia la Capital, que es vista como un territorio ajeno, donde un ingeniero se ocupa de la decoración del territorio.

El microcosmos del relato se configura como un territorio marginal y aislado, con la forma de un juego de cajas chinas que de menor a mayor incluye la "Unidad Básica Perón es Diamante", el municipio de Lanús y el conurbano bonaerense. En ese universo habitan los espectros políticos del pasado y los zombis peronistas. En esta distopía, la marcha justicialista, como la música del flautista de Hamelin, confirma el automatismo de una adhesión que se perfila como impulso acrítico hacia la destrucción. El populismo de los años 2003-2011, en la lectura pesimista que propone el cuento, parece volver a contar la historia del '45 pero como farsa.

*

La visión alienada de las masas peronistas y del peronismo bonaerense figurado en un espacio emblemático, el Puente de la Noria, que es presentado en total proceso de destrucción desde sus mismas bases, deja paso en la novela de Leandro Ávalos Blacha, *Berazachussetts* (2007)[34], al relato de una historia donde la catástrofe del 2001 se plantea como más abarcativa, porque incluye a la totalidad de la sociedad. Sin embargo, la figura del cuerpo zombi exhibe su potencial revulsivo a través del personaje de *Trash*, una no muerta *punk*, y los multiformes cadáveres resucitados en el Desaguadero, el espacio más contaminado de la ciudad. Estos no muertos determinan el final apocalíptico de la ciudad de Berazachussetts, en pos de la redención de los excluidos. Actúan como ángeles de la historia empujados por el viento de la corrupción reinante entre los vivos, y por la injusticia.

Trash, al igual que el movimiento subversivo zombi, al que este personaje se integra llevada por el deseo nihilista de acabar con la sociedad, evidencia una voluntad resistente a todo tipo de disciplinamiento y un ímpetu de revuelta del que carecen los vivos, quienes solo se ven impulsados a la acción cuando sucede una tragedia, pues por lo general están inmersos en sus intereses privados, sometidos fatalmente a la miseria o alienados por el afán de lucro y la ambición de poder. La novela diseña un binarismo en el que solo los zombis son capaces de utopía y solidaridad, mientras que los vivos "Están tan acostumbrados a la derrota, a que los exploten, que ya nada les molesta." (2007:93)

El entramado narrativo se organiza a partir de dos ejes que articulan miradas divergentes aunque entretejidas, una global y otra local. El primero de los nodos tiene como disparador el reciclaje de la tradición del género zombi, tal como se desarrolló en la cultura de masas. La historia,

---

[34] Un jurado compuesto por Alan Pauls, Daniel Link y César Aira, seleccionó la novela como ganadora del Premio *Indio Rico* en 2007.

en este sentido, abunda en alusiones intertextuales que le permiten funcionar como eco de una serie de films, y puede ser leída como cita literaria de algunos elementos presentes en el film de Dan O'Bannon, *El regreso de los muertos-vivos* (1985), largometraje que, a su vez, es una "parodia autorizada" de *La noche de los muertos vivos* (1968) de George Romero. De modo tal que la trasposición narrativa que lleva a cabo Ávalos Blacha propone desde el comienzo un juego de citas entre la película de Romero y su secuela paródica, en el que se van acentuando los desvíos, el humor negro y la hipérbole, para dar lugar a un relato que exaspera el grotesco, la reversibilidad de las situaciones y los personajes envueltos en ellas, y la lógica del absurdo.

La novela hace un guiño a sus lectores a través del nombre y la estética contracultural *Punk* que toma del personaje llamado Trash, en el film de O' Bannon. Las transformaciones que opera el relato de Ávalos Blacha en la construcción de la zombi se justifican narrativamente porque el tiempo ha pasado dejando su marca en la carne de Trash que, si bien no muestra signos de putrefacción, se ha convertido en una *punk* obesa, que ha abandonado la vida y la compañía de lxs muertos vivos que frecuentaba en los Balcanes para reducir su peso, y busca desintoxicarse cambiando sus hábitos de "vida" y practicando *tai chi*. Sin embargo, tiene la desgracia de elegir para su nueva etapa una ciudad marcada por la indiferencia social, la corrupción, la violencia del dominio y los femicidios. En esa sociedad alienada no parece haber diferencia entre vivos y muertos, y tampoco rige un límite claro para delimitar que es aceptable y qué inaceptable, todo lo que acontece resulta una mezcla ambigua de horror, cinismo y falta de conciencia, porque el exceso y la violencia hacia el otro se encuentran naturalizados y son parte de la vida cotidiana, a tal punto que la humillación y la reducción al estado de cosa de las personas se vuelve moneda corriente.

La segunda vertiente de la novela remite a la historia argentina reciente y al carácter recurrente de sus conflictos económicos y políticos, ya que pone en el centro la crisis del año 2001, y la construye metafóricamente como final apocalíptico de un proceso de enajenación social y contaminación que se inició en los años '90. Esta debacle política, institucional y económica que sacudió los cimientos de la nación, a principios del siglo XXI, finalizó con el gobierno de Fernando de la Rúa (1999-2001), en medio del corralito bancario, los saqueos a supermercados por parte de las clases populares, los cacerolazos de la clase media y el ataque a los bancos que se quedaron con el dinero de la gente. A esto se suma la declaración del estado de sitio por parte del presidente y la legalización de una represión violenta que desencadena la masacre de los días 20 y 21 de diciembre.

El clima de violencia se reconfigura en *Berazachussetts* como una sumatoria de catástrofes (diluvio universal, contaminación radioactiva, terremoto y resurrección de los muertos) que desembocan en la furia revolucionaria zombis surgida de la mezcla de una doctrina en la que se fusionan arbitrariamente los escritos de Nat Turner, los postulados de la izquierda, el terrorismo islámico y el gusto por el bardo. A pesar de la heterogeneidad del fundamento teórico, estos no muertos reclaman justicia y determinan la aniquilación total de la sociedad y la ciudad-estado de Berazachussetts.

De este modo, el relato de la ficción y el de la historia argentina reciente se conectan a partir de una serie de situaciones y personajes-bisagra que articulan pasajes entre una y otra narración. Una de esas articulaciones está determinada por la reiteración con variaciones de una escena emblemática del 2001, la huida en helicóptero del ex alcalde de la ciudad, Francisco Saavedra, mientras la ciudad se incendia de violencia y todo se destruye. Esa deserción evoca la de Fernando de la Rúa, mientras en Plaza de Mayo se disparaba a mansalva sobre los cuerpos de quienes llevaba a cabo una protesta[35]. La debacle ocasionada por la sumatoria de factores naturales y zombis que la generan se construye, en la novela, con

---

[35] "La masacre de la Plaza de Mayo [...] ensangrentó la ciudad con una violencia y una sinrazón que reconoce como único antecedente el terrible bombardeo de la aviación naval de junio de 1955, tres meses antes del derrocamiento de Juan Perón". Alberto Mato, 20 de enero de 2002, «El día que la Plaza se volvió a cubrir de sangre». *Clarín*. Disponible en: http://edant.clarin.com/diario/2002/01/20/p-01415.htm Consultado el 28 de septiembre de 2016.

ritmo de tragicomedia excesiva y absurda, en la que todo se equipara con todo, como en un mercado en el que rige el uno a uno. Así, se mezclan y complejizan los efectos de la violencia apocalíptica de los zombis, presentada como parte de un proceso irreversible y necesario en el que se encarna la historia, con la figura de una revolución *sui generis* y contaminada por la radioactividad:

> En la calle se veía un clima de caos generalizado [...] Josemir bajó de la camioneta y se acercó al grupo. Hizo una pregunta a uno, a otro, y de a poco se camufló entre ellos. Cuando llegó al corazón de la protesta, frente a la cámara frigorífica, metió la mano en su sobretodo y pulsó el botón que relucía en su pechera. Contó siete segundos y se quitó el tapado. El pecho de Josemir estaba cubierto de dinamita. [...] Trash corrió a través de la cortina de humo pisando cuerpos por el piso, y se coló por un agujero de la recámara. Los pingüinos alterados intentaban huir. La zombi tomó dos y comenzó a devorar uno mientras volvía a la furgoneta. [...] Observaban las calles destruidas, llenas de cadáveres, las veredas teñidas de sangre y los transeúntes corriendo con pánico. Había incendios en todas las cuadras. Humo mezclado con gases lacrimógenos. Banderas de clubes de futbol abandonadas. Pingüinos correteando divertidos
>
> picoteando a los muertos. [...] De un lado al otro circulaban los *Meharis* y los *Renault 12* en que se trasladaban los revolucionarios. Disparaban al aire celebrando la llegada de la revolución. (140-142)

De los cuerpos travestis a los cuerpos zombis

La intersección de lo global (la cultura de masas y el género zombi) y lo local (la coyuntura histórica argentina) tiene su puesta en abismo en la serie de topónimos que diseñan la cartografía del microcosmos en el que se desarrolla la historia: *Berazachussetts, Iguazurich, Point de la Norié, Rin de la Plata, bosques de Boedimburgo, Bernal Oriental, country Veracrucet, Caraza Village, Burzacapulco, Tolosaka, Longchamps Élysée, Ezpeletámesis, Pehuajóllywood*, etc.

Estas palabras-valija hijas, como todo en la novela, de la ambivalencia son depositarias de las contradicciones y duplicidades que presenta la sociedad. A través de ellas, el conurbano bonaerense y tercermundista se disfraza de primer mundo, para concretar el ilusorio lema menemista de los años '90, que declaraba performativamente "somos el primer mundo" pagando el costo de esa pertenencia con la fragmentación de la sociedad y la exclusión de los más carenciados. A este aspecto, se suma las duplicidades de los personajes que se esfuerzan en parecer lo que no son. Esa inconsistencia le otorga carácter espectral a ellos y a sus existencias pues los convierte en cuerpos vacíos sin significado preciso y en constante proceso de contradicción.

En la realidad posible del relato, los vivos actúan como no-muertos porque viven de manera errática, son cuerpos deshabitados de conciencia y están gobernados por pulsiones extremas. Por eso, los únicos seres capaces de transformar la realidad son, paradójicamente, lxs zombis.

> Trash caminaba por la avenida cuando se encontró con la manifestación. Miró con curiosidad las banderas, los carteles, los rostros cargados de emociones, encendidos por la furia. Esas personas eran las que se cruzaban todos los días, pero parecían otras. Los vecinos, transeúntes de existencias grises vencidos y atemorizados, necesitaban y aguardaban la tragedia para mostrar signos de vida. (43)

Así, una sucesión de hechos marcan el carácter incontrolable y caótico de un mundo en el que todo puede suceder sin que ningún vivo se inquiete: Francisco Saavedra, el ex alcalde, quiere que la ciudad de Berazachussetts tenga aspecto invernal y europeo; para lograrlo crea una escenografía que incluye la construcción de cámaras frigoríficas transparentes con pingüinos adentro, que se colocan en plazas y esquinas tradicionales; Samanta, la ex mujer de Saavedra, finge ser un fantasma para chantajearlo porque él la mandó asesinar, pero en realidad no está muerta y, luego de su "resurrección", planea matar a su ex marido; Dora quiere que Saavedra, su amante, la llame Hillary porque fantasea con ser igual a la ex primera dama de Estados Unidos, y ve en él a un Bill Clinton tercermundista; los autores intelectuales de las violaciones y femicidios son los organizadores de las marchas de protesta por las víctimas; finalmente, la heroína de la ciudad, que tiene su estatua en la Plaza de la Parálisis, es una lisiada ninfómana que se aprovecha de su condición de minusválida y de la culpa que produce su parálisis, para obtener información de los habitantes y luego chantajearlos, sometiéndolos así a su voluntad. En Berazachussetts la sociedad es un cuerpo putrefacto, antropófago y sin conciencia que supura y exhibe las llagas de su descomposición festivamente.

En este mundo de seres corruptos o domesticados desaparece la diferencia entre vivos y muertos, porque todo es reversible y se rige por el valor de cambio que fija un mercado donde todo da lo mismo. La abyección está inscripta por igual en la materialidad de los cuerpos, de las acciones y de la sociedad. Este es el único rasgo igualitario que atraviesa tanto la miseria de los humillados como la obscenidad de los que abusan del poder para enriquecerse de cualquier manera. Por ello, la transformación solo puede venir del aniquilamiento total de todo lo que vive, más allá de derecho y como decisión *in extremis* de los heterogéneos revolucionarios muertos-vivos que han decidido destruir la ciudad por completo y matar a todos sus habitantes: "No había salvación para Berazachussetts" (2007:148).

La novela organiza esta historia apocalíptica con una lógica caótica y proliferante, en la que se reconoce la matriz narrativa de Copi regida por la ley arbitraria y potente del deseo (Montes, 2010): todo es repetición, variación y fuga. Se trata de una lógica difusa, característica de los sistemas caóticos en los que basta que una variable cambie para que todo el sistema se desarme y se rearme como otra cosa. La gramática del mundo de los vivos y de los zombis se refleja especularmente, y por ello sus efectos de sentido se contraponen y, al mismo tiempo, se complementan.

En el microcosmos de los seres humanos, dominan el poder económico y una corrupción que lo contamina y lo destruye todo, porque las clases medias y los más pobres han naturalizado y aceptado con mansedumbre y disciplinamiento su propia alienación y el abuso por parte de quienes encarnan la bio-tanato-política del sistema. En el territorio de la no muerte zombi, por el contrario, se pone en evidencia un ímpetu vital antropófago y purificador que nace de la contaminación y que solo puede materializarse como aniquilación total de lo que existe. Ambos mundos confluyen en el universo de la muerte e infestación que se yergue como única realidad posible. La novela figura el tiempo de la historia con la marca del lema *punk* que dictamina "no hay futuro".

La narración organiza, así, un mundo cerrado y divido en dos "razas" que se sostiene en una economía neoliberal perfecta y circular, porque todo es posible para los que están al amparo del poder y escriben la historia, siguiendo la ley de la oferta y la demanda. Sin embargo, esa misma apertura habilita peligrosamente todas las posibilidades, incluso la de la destrucción absoluta. La trayectoria de uno de los personajes es ilustrativa, al respecto. Susana, una de las jubiladas viudas que encuentra a Trash en el bosque, presa de la culpa por haber matado a su marido, que era un golpeador, asesina a un falso chamán que se hacía pasar por el espectro de su esposo muerto, y luego se lo da de comer a Trash, que tiene hambre, haciendo desaparecer en un solo gesto, historia, cuerpo, culpa y restos, porque en el proceso no queda nada. Más adelante, completando el círculo productivo y antropofágico del sistema, Susana es violada y asesinada en el bosque de Berazachussetts, como parte del juego sádico de Arévalo, el hijo de Saavedra, y esa muerte, que es filmada, se convierte en trama argumental de un video *snuff*[36] que la productora de

---

[36]Las películas snuff o vídeos snuff son grabaciones de asesinatos, violaciones, torturas, suicidios, necrofilia, infanticidio, entre otros crímenes reales (sin la ayuda

este personaje vende para obtener dinero. Todo lo que sucede desaparece sustituido por algo que lo reemplaza de acuerdo al valor de cambio. La forma de la mercancía se concreta en la equivalencia uno a uno. El encierro circular del "corralito" da lugar a una historia que no cesa de repetir escenas con ligeras variaciones. Tanto en el mundo de los vivos, como en el de los zombis, la eliminación del otro mantiene viva la supervivencia inmunitaria del sistema, que siempre culmina en la aniquilación de la vida. En este sentido, señala F. Jameson que la otredad ocupa el territorio imaginario que en el pasado ocupaba el mal, ya no se trata de pensar que es otro porque es malo, sino que simplemente lo malo es la otredad, la exterioridad que amenaza los límites de lo pensable en la estructura cerrada del pensamiento propio del capitalismo tardío.

En ambos mundos, el de los vivos que parecen muertos, y en el de los muertos-vivos, la degradación de la vida cumple una función mediadora y es el puente que interconecta los territorios que se diferencian solo en apariencia porque están hechos de la misma carne. En este contexto, la figura de Trash reproduce las equivalencias del cuerpo textual y social de la novela. En primer lugar, su imagen corporal no responde a la del zombi tradicional pero esto se puede justificar narrativamente porque en el film de O'Bannon del cual procede, la zombificación deja los cuerpos en el mismo estado en el que estaban cuando la droga liberada los afectó. Si Trash, ahora es obesa, se debe a un desorden alimentario, por eso su cuerpo no muestra signos de putrefacción, y su estética corporal sigue siendo contracultural: tiene el pelo corto y teñido de color fucsia, viste calzas color carne y unos gastados borceguíes, su torso está desnudo y deja ver las redondeces excesivas de sus pechos y el *piercing* en uno de sus pezones (2007: 9-10). Este modo de hacerse visible subraya el carácter libre y transgresor del personaje, que se desvía de la norma aún con respecto al modelo, la zombi esbelta, bella del film de O'Bannon. Sin embargo, el físico no es el único desvío, también como el resto de los mortales ha sido cooptada por el

---

de efectos especiales o cualquier otro truco) con la finalidad de distribuirlas comercialmente para entretenimiento.

sistema, su estilo se ha convertido en moda tribal urbana, y eso queda bien en claro cuando Trash va a comprarse ropa en una galería del centro de la ciudad. Ella también, como el resto de los seres vivos, se constituye como parte del todo social en calidad de consumidora de moda punk, de drogas, de comida y de agite. Sin embargo, algo la salva: todavía es capaz de sentir solidaridad por el otro y se niega a aceptar la humillación con la que el poder somete a los seres humanos vulnerables.

Ahora bien, a partir de la irrupción de los zombis resucitados en el Desaguadero, donde también vive Noé, el loco, quien dará una dimensión mítica al final con la construcción de la "barca" para salvar un macho y una hembra de cada especie, la historia retoma una de las características del género: el final apocalíptico. En este sentido, espacio y tiempo se usan para construir una metáfora que interpreta los efectos de la caída del muro de Berlín y el consiguiente imperio de la unipolaridad y el consenso, en clave de historia argentina tragicómica.

El origen del movimiento revolucionario se ubica en una zona marginal, signada por las condiciones miserables de vida, una suerte de paraíso original invertido, que se había hecho tristemente famoso "con la caída del muro, cuando colocaron en Bernal Oriental el cementerio sobre la zona de napas" (108-109). En ese lugar no sólo la tierra está contaminada de radioactividad sino también por la putrefacción de las aguas producida por lxs cuerpos enterrados en el cementerio: "Allí iba a parar todo lo que no servía. Y allí quedaba. Estancado". (109)

Lo nuevo, el cambio, la purificación de la Berazachussetts decadente, corrupta e injusta, vendrá de los seres y las cosas que ese mundo excluyó, contaminó de radioactividad y convirtió en material desechable: el basural. Este hecho permite hacer confluir en el cuerpo de lxs muertos-vivos, la figura de los hombres, mujeres y niños olvidados, excluidos, condenados a la miseria y a la muerte por el neoliberalismo en sus sucesivas metamorfosis. Aquello que el mundo de lxs seres vivos considera escoria, enfermedad o mal absoluto, será la fuerza revolucionaria que impulse la destrucción de esa vida contaminada. Ellos son lo abyecto eliminado que retorna.

Irónicamente de la basura vendrá la purificación y la transformación, por eso Trash y Constantino, "un esqueleto de verdor fluorescente, ya casi sin carne, pero con largas uñas pintadas de negro y una cresta de cabellos blancos" (2007:140-141), serán los líderes que instrumenten la redención de todos los chicos muertos por efecto del paco, los delincuentes asesinados en tiroteos y ajustes de cuentas, las mujeres muertas por abortos clandestinos y los innumerables anónimos que el sistema trata como basura sin que a nadie le importe. Este material no simbolizable, expulsado a la exterioridad de la muerte, regresa a la vida para iniciar la guerra revolucionaria que acabará con todo. De este modo, se materializa en clave de farsa zombi el anuncio que Marx hace en El *18 Brumario de Luis Bonaparte*: "Un fantasma ya recorría Berazachussetts. El fantasma de la radioactividad." (119)

La novela narra en sus tramos finales el desarrollo y el cierre provisional de una revolución ambigua e inquietante al evocar con la cita de Marx la idea de una historia que se repite como farsa y que está signada por un bonapartismo que pone en peligro los efectos políticos de la revuelta zombi. El resurgimiento de los no-muertos activa el imaginario de la reproducción incesante de lo mismo, ya que cada muerto se convierte en la posibilidad de nuevos zombis y, en un mundo sin exterior como el de *Berazachussetts*, lo que queda, entonces, es solo la posibilidad de un mañana reproductivo, en clave progresista, más inclusivo, pero peligrosamente parecido a lo que se intentó enterrar en el pasado: " Había mucho para hacer en la ciudad. Reconstruirla. Reactivar sus fábricas. Reanimar la educación. Fusilar algún académico. Reformar el Desaguadero con el conocimiento de las mujeres de clase alta. Expertas en paisajismo y Feng Shui. Con sus arquitectos…" (158).

De esta manera, en la historia se ponen en juego una serie de elementos que colocan en primer plano el imaginario de una revolución-carnavalesca y paródica, en la que se cruzan con ironía y humor negro los códigos de los movimientos revolucionarios de izquierda y el impulso revulsivo y anárquico del *Punk*, mientras el orden y la formación ideológica apenas están esbozados en algunos personajes que leyeron a Nat Turner o son terroristas islámicos, como Josemir. Por eso Trash, cuando se encuentra en el sótano del Desaguadero con los cuadros zombis de la organización decide incorporarse entusiasmada sin entender demasiado de qué se trata, "Si hay bardo me prendo" (116), exclama; y más adelante, dialogando con uno de los personajes que le dice que va a luchar por un gobierno socialista, contesta: "A mí me chupa un huevo. Lo único que quiero es encontrar al que le vendió los hongos a Beatriz. Igual me sumo a la lucha" (121).

El carácter paradójico del movimiento revolucionario está subrayado por una serie de factores que se cruzan en el espacio de la lucha callejera: no todos los muertos-vivos se integrarán al movimiento revolucionario, porque algunos se conforman con recuperar a sus seres queridos; otros, que en vida fueron adoctrinados por Anatole Galíndez con el testimonio de la revuelta de Nat Turner, deciden matar a los ricos como hicieron los negros con los blancos en el Sur de Estados Unidos y, al renacer zombis, organizan y llevan a cabo la revolución socialista. Estos combatientes mezclan las estrategias revolucionarias con el ataque indiscriminado y a mansalva del terrorismo, el uso del hombre-bomba y el desborde de los instintos antropófagos. Mientras tanto, los líderes políticos y miembros de la plutocracia del lugar, huyen en aviones privados y helicópteros porque su dinero estaba en el exterior, los rebeldes no están dispuestos a capitular y los pobres son un problema sin solución (148).

Al final de la novela, comienza un nuevo tiempo, el de los proyectos y la inclusión social de los que quedan vivos o son muertos vivos, la diferencia no cuenta. El gobierno, a cargo provisionalmente de Trash y Constantino, una suerte de Perón y Evita espectrales, mira complacido el presente que ha borrado las diferencias sociales y garantiza a los pobres las diversiones de los ricos. Así, mientras Noé Galindez se marcha hacia el Este en su barca para reiniciar el mundo con Saraí, abriendo la vertiente ejemplar y bíblica del relato de la historia; Trash y Constantino pasean sobre la antigua chapa de una casilla, convertida en góndola y contemplan la ciudad absolutamente inundada por el encuentro de las aguas del Ezpeletámetis con las del río Itatí, y a los sobrevivientes navegar en veleros, kayaks y motos de agua, de los ricos expropiados.

El *The End*, con el que termina la historia señala en su ironía que la revolución derrocó a quienes ejercían ocasionalmente el poder y estaban al frente de la corrupción de la ciudad, pero que estos en su mayoría huyeron para seguir haciendo lo mismo que ya hacían en otro lugar. El sistema sigue vivo a pesar de la muerte y descubre su condición zombi. La novela, que en la escritura pone el acento en el desvío respecto de toda convención narrativa ordenada y lineal, y que organiza un orden estético signando el caos, postula una visión de la historia argentina que no puede abandonar la trayectoria circular de una experiencia que se figura como espasmo cíclico de lo siempre igual, aunque reformulado en clave espectral y paródica.

Conclusión

I. *Mitologías del cuerpo*

"se diría que el hombre espera ingenuamente la etapa siguiente de la evolución, en el curso de la cual su cuerpo y él serán separados en dos criaturas distintas"

David Grossman

"el espíritu no existiría, ni sus valores o sus datos, si el cuerpo, que por lo menos los transpiró, no hubiese estado allí"

Antonin Artaud

Detrás de la invención del cuerpo, tal como lo concibió la modernidad, se hace visible la ilusión prometeica de la ciencia, que buscaba dominar la naturaleza en nombre de la emancipación y del progreso del hombre (Martins; Sibilia 2005). El individualismo moderno hizo del cuerpo un límite material, espacio-temporal, un lugar de separación y de diferenciación. Esta idea implicó la ruptura del vínculo comunitario con los otros y de la relación microcosmos-macrocosmos. Separado del espíritu, en tanto *res extensa*, el cuerpo se transformó en un mero resto, carne, sobre la que ejercía su dominio el ego cartesiano, la *res cogitans*, así como en la concepción dualista platónica fue copia no conforme respecto de un ideal trascendente y perfecto.

La hegemonía del paradigma científico mecanicista convirtió la materialidad corporal en una sustancia objetivable, susceptible de estudio y manipulación, disociada de la idea integral de ser humano (Le Breton;

Vigarello 2001; Sibilia 2005). Sin embargo, las ilustraciones de *De humani corporis fabrica* (1543) que fueron incluidas por Andrés Versalio, el fundador de la anatomía moderna, en los siete libros que componen esa obra para mostrar cómo es la estructura interna del cuerpo con los conocimientos que obtuvo a partir de las disecciones, hacen patente en sus detalles artísticos la angustia que produce la reificación llevada a cabo por la medicina en experimentos sobre cadáveres y animales vivos. Los cuerpos desollados, que con escrúpulos de miniaturista pinta el artista, no pueden evitar traer de regreso la imagen de la falta, lo ausente: el hombre en su integridad (Le Breton).

En la contemporaneidad, se ha constituido un imaginario sobre el cuerpo que lo muestra como un escenario de tensiones. En él, habitan concepciones contradictorias del hombre. Unas lo presentan como espacio material en el que se concreta lo utópico, de de-construcción de identidades esencializadas y superación de límites anatómicos y biológicos: cyborgs, transgéneros, tatuajes, injertos de silicona, abrasiones, body bulding (Haraway; Citro 2010; Fuss). En otros paradigmas, se evidencia el cono de sombra que proyecta una metáfora descendente que lo concibe, en tanto cuerpo caído y desastrado, como materia abyecta, corruptible, objetibable, sustituible; o, en el mundo del mercado global, como espacio de producción e intercambio, una mercancía más que entra en el juego de la oferta y la demanda: cirugías estéticas según los modelos de moda, trasplantes de órganos, implantes de prótesis, manipulación de información genética, etc. (Le Breton; Sibilia 2005 y 2007).

Estas miradas contradictorias, y al mismo tiempo de fronteras inestables, ya que implican en muchos casos una común violencia sobre la carne, son producto del cruce de dos relatos metafísicos: el dualismo, que desde la filosofía platónica, el gnosticismo (ensomatosis) y el cristianismo, postuló una manera dicotómica para pensar e imaginar al hombre, en la que se evidencia el "paradigma del modelo" (Schaeffer 2012) y el predominio de un orden mimético-representativo (Rancière 2008) como relación espíritu-cuerpo, en la que el primero fija un ideal del cual la materialidad corporal sería una imagen similar o desviada, según la distancia y distorsión respecto del ideal original.

La otra mirada se ubica dentro de las concepciones monistas que pusieron el acento en el carácter inseparable del sujeto y su cuerpo (el hombre no tiene un cuerpo, es un cuerpo), ya evidentes en Aristóteles (Citro 2010), pero que también se encuentran en sistemas que ponen el acento en el ser-en-el-mundo fatalmente corporal y desastrado del ser humano (Nancy). Este monismo en su lógica extrema, durante el nazismo, llevó hasta las últimas consecuencias la coincidencia del cuerpo biológico consigo mismo y lo convirtió en raza, determinando su doble cierre en tanto encadenamiento del sujeto a su propio cuerpo, e inclusión de ese cuerpo en la comunidad étnica del pueblo alemán, que excluía de manera radical todo aquello que se alejara del ideal ario de raza. En este último caso, el cuerpo es pensado en términos políticos y la política en términos de cuerpo. Esto produce un gesto inmunitario que cierra el cuerpo político sobre sí mismo y lo opone a su propio exterior, considerado como parte de sí que no es apta para la concreción del ideal racial o social identitario. Ese elemento expulsado por ser abyecto, fue para los nazis la existencia sin vida, la carne no coincidente con el cuerpo, Zoé (Esposito 2004: 253-255); y en los relatos postapocalípticos actuales ese lugar fue ocupado imaginariamente por la existencia cruda de lxs zombis, metonimia del paradigma inmunitario actual.

Los mitos de las tecnociencias, que anuncian la primacía del ADN (Schaeffer, 2012: 114) y el reino por venir del hombre postorgánico (Sibilia 2005), decretan la obsolescencia y superación del cuerpo orgánico gracias a los avances tecnológicos (Hayles), o su reciclaje en clave de singularidad, a través de las prácticas corporales de origen tribal como las de los movimientos denominados *Modern primitives* (Wentzel), y *Eyeball y Tongue Split* (Barca). Los mencionados son algunos de los ejemplos palpables de la aporía que atraviesa lo que se percibe, imagina, dice, piensa y hace de/sobre el cuerpo, hoy, y de los efectos de las anátomo-bío-tánato-políticas que naturalizan el uso creciente de dispositivos para los que el cuerpo es un espacio de intervención y manipulación: carne.

Lo cierto es que, ya sea como lugar de sospecha, enfermedad, determinismo biológico, de experimentación, corrupción y muerte, como territorio en el que se construyen-deconstruyen identidades y espacio de tácticas de resistencia y liberación (Sibilia, 2005), o, bajo el signo de la paradoja, frontera porosa e indecidible entre unas concepciones y otras, la materialidad corporal (carnal, virtual, tecnológica) es un constituyente inevitable y fatal, amado y odiado, de la subjetividad y del ser-en-el mundo humanos, que confirma la precariedad de la existencia, los puntos ciegos, la extrañeza y la heterogeneidad que la habitan. El cuerpo es lo más cercano y lo más desconocido para el ser humano, y por eso no deja de engendrar mitos y ficciones, sin que jamás se lo pueda llegar a conocer del todo (De Certeau), pero hay algo en él que, por metonimia, siempre figura, a manera de síntoma, la sociedad y el mundo que el hombre ha construido.

II.   *El cuerpo travesti-zombi como figura de la historia*

"Una vez calificado *especial*, un ciudadano, aunque aceptara la esterilización, quedaba al margen de la historia. Cesaba de pertenecer a la humanidad."

Philip Dick

"Ser uno es ser autónomo, ser poderoso, ser Dios; pero ser uno es ser una ilusión y, por lo tanto, verse envuelto en una dialéctica de apocalipsis con el otro."

Donna Haraway

Existe un relato que dice que Occidente ha narrado la historia de acuerdo a cuatro matrices básicas, combinables entre sí de diferentes maneras (Rancière 2012: 57-64). En primer lugar, la ha contado como ficción de lo que debe ser guardado en la memoria. Ocurridos o no, es el carácter ejemplar de los hechos aquello que determinaba su valor para convertirlos en memorables. La narración, en esta idea de la historia, se teje como paradigma de vida para la humanidad, y se centra en el diseño del gesto, la actitud que brilla como norma por sobre el fondo incierto de los acontecimientos. *Historia es lo digno de imitación, el modelo, no lo verdadero.* Su forma es la crónica y la leyenda, por eso sus narradores pueden ser tanto historiadores como poetas. Los relatos no están para revelar el sentido del mundo, sino para mostrar cómo actuar y comportarse en ese mismo mundo donde todo muta para bien o para mal, sin que los hombres puedan evitarlo.

La segunda forma de la historia se concreta como escena en la que relumbra la acción significativa. Un encadenamiento lógico y preciso señala la relación temporal entre los acontecimientos seleccionados por las escenas de la fábula, unidas por un hilo que funciona relacionando causas y efectos. También, en este caso, el relato de los hechos tiene función memorial. Así se la concibe, por ejemplo, cuando se narra la historia de una civilización, una cultura o un estado, desde su fundación. Es una narración presidida por un orden estético representativo-mimético, que distribuye los cuerpos, los sentimientos y las acciones en el centro de la mirada, según un principio de jerarquía que los ilumina, destacando su relevancia ejemplar y su necesidad con respecto a un modelo, una lógica en la que encuentran su sentido.

En la tercera de las figuras, se presenta una nueva manera de concebir la historia, en la que se impone un modo específico de imaginar el tiempo en su trayecto abarcador. La historia es construida, entonces, como potencia del ser, un cumplimiento que en su desarrollo irá definiendo la necesidad y las acciones que demanda cada momento. En ese tiempo, hay utopías pero también concreciones funestas para quienes no interpretan de qué manera se relacionan las condiciones y las posibilidades de que algo suceda. En la textura narrativa y sus imágenes se presenta un destino común hecho por los hombres, pero que por eso los sobrepasa, con un exceso de sentido que desbarata sus recaudos y sus deseos individuales. Esta ruptura del límite de lo previsible por los seres humanos puede llevar a la destrucción y a la muerte, tal como sucedió con el proyecto iluminista que buscaba la emancipación del hombre y condujo al horror de los campos de concentración y al holocausto. La historia mientras ocurre es indecidible. Pero el desvío hacia el horror no se produce porque el paso del tiempo esté signado de antemano por una fatalidad, o un telos, sino porque no existe acción ni pensamiento que se adecue al sentido de un movimiento que siempre los excede, al mostrarse como ausencia de sentido. En esta versión de la historia prima lo colectivo y lo anónimo que emerge, como acción y como padecimiento, para dar testimonio de lo que ha sido.

Pero el relato de la historia puede tener una cuarta manera de constituirse que no tiene solo que ver con los destinos humanos arrastrados por el exceso bruto de lo que sucede, sino más que nada con las singularidades que son iluminadas igualitariamente por un discurso que capta las percepciones y las sensaciones de cada uno. El tiempo se conforma como un escenario en el que cualquiera y cualquier cosa puede dar testimonio de la historia y también hacerla a su manera, porque en ella participan todos por igual, como de la promesa de emancipación que conlleva. Este relato pone en primer plano las cosas de la vida cotidiana. La multitud de gestos de la gente anónima que la constituye emergen en un tejido de signos que llevan escritos la historia de una sociedad, una época, una civilización (Ranciére 2011, 32-33).

Estas formas de contar la historia se combinan, se solapan y se tensionan en el entramado de un relato que une la acción consciente de los individuos y la lógica inconsciente de los hechos. Así, en los tiempos tenebrosos de la dictadura de Pinochet (1973-1990), el neoliberalismo y la irrupción del SIDA, las primeras crónicas de Pedro Lemebel, *La esquina es mi corazón* y *Loco afán*, cuentan la historia de Chile poniendo en el centro del relato las historias de vida de las primeras *locas* víctimas de la conjunción funesta entre terrorismo de estado, darwinismo económico, pobreza y SIDA.

Sin embargo, desde la perspectiva de la resistencia y la lucha cotidiana, el colectivo travesti, tal como lo construyen esas crónicas, emerge como fuerza de rechazo al luto mortuorio de esa coyuntura histórica, con su presencia disruptiva, su exceso y su teatralidad de divas proletarias. En este mito ejemplar, tejido con lenguaje neobarroco, el "mariconaje guerrero" sostiene reivindicaciones en las que se identifica con las minorías excluidas y deviene un "nosotros" descarado y anárquico, que lucha por su inclusión en la sociedad sin disciplinas ni normalizaciones, exhibiendo la presencia de su cuerpo escandaloso y su voz aflautada. En sus historias, se reivindica el derecho a la diferencia y se denuncia la exclusión y la muerte con las que se intentó borrar su existencia. Por eso convierten la carne en espacio heterotópico, en el que el artificio y la metamorfosis construyen un relato identitario-desidentitario liberador.

La narración de estos destinos se escribe, en las crónicas de Lemebel, desde la perspectiva de los allegados, aquellos para los cuales esas vidas fueron significativas, y tiene el signo de lo colectivo, a pesar de la singularidad de cada una de las imágenes que se detienen en el cuerpo, las ilusiones, el deseo y el padecimiento de las locas, muertas por SIDA, que la escritura evoca. No obstante, la tristeza del melodrama se evita con la ironía provocativa y el humor ácido del cronista muy cerca del modo de narrar que caracteriza el lenguaje de lxs travestis de sus relatos: irreverente, sarcástico, y desbordado.

Hay un exceso en el trazado de los cuerpos y en su vínculo con las palabras, porque esta historia es la historia de aquellos que no entran en la aritmética del poder, ni del cuerpo armonioso y organizado del todo social. Son cuerpos monstruosos, ininteligibles, rechazados y su lengua-otra, chillona, desagradable, se parece más al ruido que a la palabra. Sin embargo, en el espacio ventrílocuo que construyen las narraciones, emergen, como señal de igualdad, sus relatos para contaminar y desordenar, el reparto de la palabra y de la mudez, que la dictadura primero y luego las sucesivas cuecas democráticas, habían establecido como única y posible distribución de lo decible y de lo memorable.

Así desfilan por igual, dando testimonio de la historia y de que ese tiempo ha sido: la Palma, que tenía el puesto de pollos en la Vega y "estaba contenta con Allende y la Unidad Popular porque decía que hasta los pobres iban a comer pavo ese año nuevo" (1996:12); la Chumilou y sus travestis atravesadas por la pobreza y el ejercicio de la prostitución, que les dejó el regalo del SIDA; la Pilola Alessandri, la loca rica que se compró la epidemia en Nueva York; la Loba Lamar con su sueño póstumo de diva hollywoodense; la Regine intentado seducir al paco macho que la enamoraba; la Madonna que en el video de la performance de *Las yeguas del apocalipsis* dejó ver lo que debía ocultar con el candado chino entre las piernas, para jugar a ser casi mujer; o Lorenza con sus alas mancas de Victoria de Samotracia, junto a tantxs otrxs.

Los cuerpos travestis atraviesan el tiempo histórico de la dictadura, la concertación y la consolidación de la democracia neoliberal chilenas y en los comienzos del año 2000 van desapareciendo como escenificaciones exageradas y teatrales de una identidad en revuelta con lo normativo, para volverse voz que denuncia la injusticia cotidiana, o cuenta su historia de vida a través de un yo autoficcional que juega a ser él-ella y ella-él, ama, y se vincula con el otro desde ese entredós contradictorio (*De perlas y cicatrices, El Zanjón de la aguada, Adiós mariquita linda, Serenata Cafiola*). En ese preciso momento, en que la sinécdoque de la voz, evoca un cuerpo que aparece y desaparece en los pliegues de un lenguaje, que ha renunciado a los arabescos del pasado, aunque no a su escandalosa irreverencia, la figura de lxs travestis se asoma gritona en una Argentina atravesada por la crisis del 2001.

Los relatos de Susy Shock y Naty Menstrual comienzan a contar una historia que se aparta de las cámaras de la televisión, que habían reificado la figura de lxs travestis convirtiéndolxs en lo exótico escandaloso, para hacer visibles las reivindicaciones trans y los testimonios autoficcionales, que narran la experiencia de construir una identidad mutante más allá de las normas del género y la sexualidad y de las etiquetas impuestas por la sociedad, o determinadas por la medicina. En ellas se cuenta el triunfo de la contra-cultura sobre lo biológico y lo normativo; los procesos de transformación para crear un cuerpo y una nueva apariencia. Estas narraciones hacen pensable la constitución de una historia no reproductiva, que hace de la esterilidad, que signa estos cuerpos asumidos provocativamente como *monstruosos*, se recicle como posibilidad de auto-engendramiento identitario y de transformación radical, motorizada por el deseo, pero también por la herida que deja el estigma social, con la forma del insulto (degenerado, puto, trava) convertido en bandera de rebelión y horizonte nómade de un futuro pensado como vacío, ambivalencia e indecibilidad.

Esta disposición desafiante de los cuerpos, en el espacio del rechazo y de la negación de un telos para la historia, se justifica en la asunción de un no lugar que se opone al orden social y sus binarismos. Por eso, la escritura afirma a través de la figura de Susy Shock, en *Poemario Trans Pirado* (2011), "yo primer hijo de la madre que después fui/ yo vieja alumna/ de esa escuela de suplicios/[...]yo, reivindico mi derecho a ser un monstruo"; y más irreverente aún Naty Menstrual, en *Batido de trolo* (2012): "No soy hombre/No soy mujer/Soy orificio salvaje en celo". El relato de la historia deviene relato contra-ejemplar minoritario, lengua fuera de control y desorbitada, que figura la vida cotidiana como proceso colectivo, a partir de voces singulares e igualitarias. "Es la literatura como tal la que se las da de discurso de la verdad, que opone su historia, tejida de multitud de gestos oscuros de gente anónima, a las ficciones de poder y a su traducción historiográfica" (Rancière, 2011 113).

Así, la trayectoria de los cuerpos, de las voces y las performances de lxs travestis que los textos de Pedro Lemebel, Susy Shock o Naty Menstrual iluminan con luz cenital, convierten el sobrenombre descarado y trashumante, la escena transgresora, la lengua desaforada, la puesta en escena corporal, y la confusión entre lo público y lo privado, en mitología de minúsculas batallas locales, que tienen como escenario la vida cotidiana de quienes reivindican el derecho a ser sujetos de derecho, sin por ello tener que borrar su diferencia.

La historia trans figura de mil maneras el gesto de decir "no", y se evade de las tentativas identitarias sustancialistas que quieren imponer la opción de un género, o buscan la verdad del sexo para encuadrar y encasillar lo que es nómade. Las escenas de esta historia travesti, artificiosa y exagerada, se vuelven provocativamente memorables y disponen los cuerpos marginales en el centro de la mirada, para trenzar un relato sexuado, que exhibe sin pudores sus pechos siliconados, como *El Libertador Simón Bolívar* del pintor Juan Domingo Dávila (1994)[37], y se pinta los labios con rouge, y elige las lentejuelas y los tacos altos para mostrar que sus personajes no son *ni* héroes asexuados, *ni* hombres *ni* mujeres, *ni* XXI *ni* H2O , sino , *casi*, o *no tan*, en la exasperación de un juego significante que borra los límites y no cesa en su deriva. Por eso, este modo de contar la historia se inventa un lenguaje político que da testimonio de lo que fue a través de la ironía, mezcla los géneros y los registros, se desboca y contamina la narración con "metáforas corroídas", "deseos malolientes", y algún que otro "florido peo" (Lemebel 2008*a*:11-12), mientras sueña, para el futuro, lo imposible.

*

Junto a estas, otras formas de contar la historia se hacen visibles en el corpus zombi. Recortadas por el objetivo de la cámara y destinadas al consumo masivo, narran el devenir de unos cuerpos que la diferencian de los otros, conservan la diferencia varón/mujer, aun cuando en algún caso desafíen la ley de la heterosexualidad (*In the Flesh*), y se definen como guerreros en la dialéctica binaria que impone el poder de acuerdo a la lógica amigo/enemigo. En este contexto bélico, que desgarra el mundo en dos, para confirmar la visión unipolar que lo preside, se recorta el gesto repetido y ejemplar de Rick Grimes, o sus equivalentes circunstanciales, en la serie estadounidense que recrea el cómic de Robert Kirkman, *The Walking Dead*. El personaje pone en juego su vida una y otra vez por salvaguardar la promesa de una humanidad futura simbolizada en la supremacía y la reproducción del grupo de sobrevivientes que lidera. Sin embargo, ese gesto heroico memorable en su recursividad resulta paradójico, porque por un lado universaliza el principio inmunitario de la política de seguridad nacional que rige el destino de la sociedad y, por el otro, se deconstruye a sí mismo. Las acciones, que fundan el carácter

---

[37] Esta pintura formó parte de una instalación llamada *Utopía* en Londres (1994) y despertó agudas polémicas por la condición genérica que manifestaba. "A través de un comunicado de prensa, Venezuela denunció una campaña orquestada de desprestigio en contra del "más sagrado valor de su nacionalidad". Disponible en: http://hemisphericinstitute.org/hemi/es/e-misferica-52/guerrero, consultado el 9 de noviembre de 2016.

ejemplar de la violencia, refutan esa ejemplaridad en el mismo instante en que la crean, porque el marco que les da forma es un *estado de excepción* en el que se han borrado las fronteras entre la humanidad y su otro.

En un mundo postapocalíptico en el que la justicia, la libertad y la igualdad no tienen lugar, el único espacio posible para defender la vida es el campo de batalla. En ese escenario bélico, el efímero acto heroico solo se vuelve memorable en la huella que deja en la carne, y en la continuidad sin límite de los cuerpos sangrantes, desollados, quemados, y fragmentados que esparce por doquier. La escritura del Occidente inmunitario, sumergido en una guerra total, inscribe en el género zombi la hipérbole de un horror que no cesa de reproducirse. Los desechos, los restos de la batalla revelan, en su indiferencia igualitaria, en su informidad, el otro lado del gesto heroico ejemplar, que se propone irónicamente como lo memorable de la historia: la producción de víctimas, la masacre.

Sin embargo, desde los márgenes de la escena heroica de la historia, los muertos vivos regresan y hacen visible lo invisibilizado. Por eso, no se conforman con el gesto cínico que les propone la sociedad, que para aceptarlos como parte del todo, borra su diferencia, al asimilarlos, igualarlos, a través de la cobertura del maquillaje sobre la piel sin vida, las lentes de contacto sobre la mirada ciega, la medicalización para tapar los síntomas de la anomalía. El relato de la historia que hace el serial inglés *In the flesh* convierte el cuerpo en escenario de una mascarada siniestra, que en lugar de afirmar la libertad del deseo o la igualdad de derechos, encubre lo siempre igual del dominio.

Por eso, la furia y el anhelo de justicia no se apaga, ni aún en esos cuerpos disciplinados por el estado-nación. Ni vivos, ni muertos, los zombis están siempre regresando hasta que la justicia y la igualdad, preconizadas por la misma sociedad que los expulsa y demuestra no creer en esos valores, se pongan en acto. Contaminan el horizonte del futuro, como una fuerza ciega que tiene la brutalidad de la historia y su mismo sinsentido. Desbaratan de manera incesante, una y otra vez, las estrategias, las previsiones y los cálculos del colectivo humano que acepta, aunque no crea en ellos, los discursos-quimera a través de las cuales el paradójico tejido tramado por la lógica del bíopoder anuncia igualdad y libertad para unos pocos y conserva la vida a través de la muerte.

Lxs zombis ponen en crisis la historia de las acciones ejemplares y memorables y la leyenda sobre el Bien y el Mal que las figura. Son el efecto de un apocalipsis por cuyo origen nadie se cuestiona, porque ese acto fundador se borra en la incertidumbre de un pasado difuso para difuminar los lazos que lo unen con el proyecto emancipatorio de la humanidad. En ellxs se condensa el cuerpo de las víctimas y, al mismo tiempo, la metonimia del rostro monstruoso de la sociedad que lxs ha configurado a imagen y semejanza. Están allí para marcar los límites de la subjetividad contemporánea, la catástrofe del encuentro del yo del dominio inmunitario con su otro negado.

Sin embargo, lejos del Norte, el relato de la historia zombi puede contarse de otro modo, y así lo hace *Berazachussetts* (2007) del argentino Leandro Ávalos Blacha. En la novela, los cuerpos de los muertos vivos reescriben a modo de parodia el guion que el género, hijo de la industria del espectáculo, les asignó a partir de los films de George Romero, a fines de los años '60. En un acto de rebelión, lxs zombis devuelven a la sociedad las marcas del estigma que ella había inscripto en su carne: podredumbre, antropofagia, indiferencia, pasividad, falta de conciencia, olvido de la historia. Convierten la abyección de su existencia en fuerza activa negadora que abre la posibilidad de un movimiento revolucionario ambivalente e indecidible, como todo salto interpretativo que siempre es superado por la trama de la historia. Con la forma del diluvio y del terremoto que arrasa con todo, la revolución zombi aniquila el presente contaminado para abrir la brecha de un futuro en el que, tal vez, no se condene a los más débiles a la exclusión y el aniquilamiento.

En medio de la podredumbre, la violencia, la falta de justicia y el ejercicio de la política convertido en consenso cínico que borra la voz del otro, la novela de Ábalos Blacha, y también los relatos de *El libro de los muertos vivos* (2013) y *Vienen bajando* (2011), reciclan las figuras del género atravesados por la aguda crisis del 2001 en Argentina. Por eso, en ellos predomina una forma narrativa que se organiza-desorganiza como un

De los cuerpos travestis a los cuerpos zombis

sistema caótico que se articula con las contradicciones y la informidad de una sociedad en la que los vivos parecen muertos, porque ya no tienen ni fuerza ni interés en salir de la alienación a la que se han ido sometiendo día tras día. Consumidos por las ilusiones que les vende el sistema, para doblegarlos y anular su conciencia, los habitantes de estos mundos ficcionales han aprendido a soportar lo insoportable (silencio, soledad, despojamiento, abandono, inequidad, opresión, abuso, muerte), y se han convertido en seres pasivos, resentidos, egoístas, sometidos, que miran el espectáculo de una vida cuyo argumento no escriben, pero del que se hacen cómplices con su aceptación gozosa, porque se trata de una farsa divertida.

Así, en *Berazachussetts*, la escena que evoca la experiencia de la debacle político institucional del 2001 en Argentina, abandona a los protagonistas que ocupaban el centro del relato en buena parte de la novela (el exalcalde y su hijo Arévalo, las cuatro amigas viudas, Periquita y su banda de paralíticos, etc.) y se desplaza a los bordes, al resto social desechado y enterrado en el basural del Desaguadero. Allí en el lugar donde se depositan los desperdicios de la sociedad, en las cloacas, en los bajos fondos, se desbaratan las fronteras entre lo alto y lo bajo, y los signos del poder y la grandeza valen lo mismo que los desperdicios. En lo descartado, en lo excluido de la totalidad social surge la figura de los que han decidido no ser espectros de la historia y reivindican su derecho a ser parte de ella.

En ese territorio, la narración teje una trenza que se articula con los relatos trans que le dicen "no" al futuro reproductivo, y asumen la monstruosidad y el rechazo como bandera de lucha contra el mundo excluyente y tanático de un poscapitalismo que no cesa de devorar la carne del mundo. El cuerpo travesti y el cuerpo zombi son parte de una misma carne, atravesada por el estigma de la monstruosidad. Por eso, sus figuras, reversibles y extremas son el quiasmo y la metalepsis. Ellas articulan el vínculo entre el relato de la ficción y el relato de la realidad a modo de presente cuyo futuro es indecidible todavía.

"Los monstruos han definido los límites de la comunidad en las imaginaciones occidentales", señala Donna Haraway en el *Manifiesto Cyborg* (23-24) por eso en la Grecia Antigua los centauros y las amazonas marcaban las fronteras de la Polis, donde moraba el ser humano de la civilización logocéntrica, masculina y griega; y en la Francia moderna, los siameses y los hermafroditas eran considerados un material humano confuso, un portento o una enfermedad sobre la que debía legislar el discurso de lo médico, legal y la religión, para excluirlo de la órbita de lo humano. Sin embargo, estos cuerpos que resisten los emplazamientos que determinan el lugar que deben ocupar en la sociedad, en la especie, en el derecho y en la religión, funcionan como *heterotopías de desvío* (Foucault, 1994), y por eso ponen al descubierto los antagonismos y las contradicciones no asumidos como tales en la autoevidencia que el todo social tiene respecto de su identidad (Zizek:14).

Estos cuerpos que no entran en las mitologías de la historia oficial y que a lo sumo son telón de fondo o parodia alienada de la historia real, destotalizan la perspectiva naturalizada como único relato sobre el pasado, el presente y el futuro. A su manera, redistribuyen lo sensible y hacen imaginable, pensable y visible el cinismo de la democracia consensual occidental que se sostienen en lo que no cree y con ello legitima, tanto a nivel local como global, la destrucción de la vida de los que quedan afuera de la norma esencializada.

En el binarismo normativo que rige la partición del espacio en el mundo que se llama a sí mismo civilizado, estos cuerpos "anormales" están siempre del otro lado de la barra, en el segundo lugar de toda dicotomía: ilegibles, carentes, desprotegidos, fallados, insignificantes, improductivos, resistentes. Se vuelven metonimias de la clausura de un mundo dividido en dos y cerrado, que ha biologizado la política a través de un relato que afirma que la vida solo será justa, fuerte y sana si se reserva solo a una parte de la humanidad. Sin embargo, el precio de ese futuro es la continuidad de la dominación bajo mil disfraces, la consecuente marginalización de una gran parte de los seres que habitan el mundo y la legitimación de la guerra total aún a riesgo de la destrucción de todo lo viviente.

De los cuerpos travestis a los cuerpos zombis

Señala Slavoj Zizek que, en algunos paradigmas, la crítica de la ideología tiene como objetivo llevar a cabo una suerte de hermenéutica de desenmascaramiento para leer en los discursos oficiales las rupturas, los espacios en blanco, los deslices, es decir los signos del secreto que se ocultarían en el contenido. Pero la noción de *síntoma*, escribe Zizek (329 y ss.), inventada por Marx, permite establecer una homología fundamental entre el procedimiento de interpretación de Marx y de Freud, cuando analizan la forma de la mercancía y el relato de los sueños. Ambos tratan de evitar la búsqueda del contenido oculto tras la forma, el secreto, porque no es el contenido lo que oculta la forma tanto de los sueños como de la mercancía, y delata el *síntoma*, sino que *el secreto está en la forma*.

Estas imágenes ambiguas y excesivas constituyen la forma no pensada pero pensable en la que hoy se puede imaginar la historia. En tanto presentaciones de la carne, resisten a la ley de lo simbólico, son opacas y evanescentes, y por ello no permiten la elaboración de un relato totalizador a partir del cual se revelaría un significado final que les daría sentido. Figuran en su exceso y descontrol la brutalidad del acontecer, su imprevisibilidad y errancia, pero también el fracaso de todo proyecto humano que quiera imponer un único relato. No hay previsión posible, ni cálculo, ni imaginación que pueda encerrar los complejos sentidos del presente ni la forma del futuro, ya sea que se imagine como vacío o como reproducción paroxística de lo que ya existe.

La historia, desde la perspectiva del cuerpo travesti, supone la posibilidad de autoconstrucción y, en este sentido, la puesta en crisis de todo deber ser naturalizado; desde el punto de vista de la corporalidad zombi se habilita una mirada doble que hace visible el apocalipsis inherente al paradigma inmunitario que estructura lo social, pero también la posición revulsiva de aquello que no puede ser cooptado y convertido en utilidad por el sistema, su resistencia al uso, su posibilidad de fuga. Al igual que el cuerpo de la escritura y de las imágenes, en la que cobra consistencia la materialidad carnal de lxs travesti y lxs zombi del corpus, la materialidad de la historia limita y abre posibilidades, en su complejidad ambivalente escapa a los esquemas de la racionalidad con los se pretende explicarla y controlarla y, al mismo tiempo, intercepta, provoca, obliga a actuar, a pensar, a imaginar y articular posibilidades nuevas para hacerla en la medida en que ella nos hace y nos incluye a todos por igual como protagonistas, porque no son ciertas las fronteras imaginarias que levantan las creencias empeñadas en asignar el papel principal a los amos de un sistema que nos han hecho creer que este mundo, así como fue hecho, abarca la totalidad de lo que se puede imaginar como posible.

BIBLIOGRAFIA

Corpus de trabajo:

Acevedo Esplugas, R (comp.) *El libro de los muertos vivos*, Buenos Aires, Ediciones Lea, 2013.

Ávalos Blacha, L . *Berazachussets*, Buenos Aires, Editorial Entropía, 2007.

AAVV. *Vienen bajando*, Buenos Aires, Centro Estudios Contemporáneos, 2011.

Brooker, Charlie. *Black Mirror*, Temporada 1, 2 y 3, U.K-USA, Endemol, Netflix, 2012-2016.

Brooks, Max . *Guía de supervivencia zombi*, Córdoba, Berenice, 2003.

Darabont, Frank. *The walking dead*, Temporada 1, 2, 3, 4, 5, 6, 7, USA, AMC, 2010-2017.

Duarte, Sebastián. *La constitución travesti*, Buenos Aires, Ed. Distal, 2009.

Lemebel, Pedro . *La esquina es mi corazón, Crónica urbana*, Santiago de Chile, Editorial Cuarto Propio, 1995.

---. *Loco afán. Crónicas de sidario*, Santiago de Chile, Editorial Lom, 1996.

---. *De perlas y cicatrices*, Santiago de Chile, Editorial Lom, 1998.

---. *Tengo miedo torero*, Buenos Aires, Seix Barral, 2002.

---. *Adiós mariquita linda*, Santiago de Chile, Random House Mondadori, 2004.

---. *Serenata cafiola*, Santiago de Chile, Seix Barral, Grupo editorial, Planeta, 2008*a*.

---. *El sanjón de la aguada*, Santiago de Chile, Seix Barral, Grupo editorial Planeta, 2008*b*.

Maratea, María. *Mora. Una confesión*, Buenos Aires, Planeta, 2003.

Matheson, Richard. *Soy leyenda*, Buenos Aires, Minotauro, 1954.

Menstrual, Naty. *Batido de Trolo*, Buenos Aires, Editorial Milena Caserola, 2012.

Mitchell, Dominic. *In the flesh*, Temporada 1 y 2, U.K. BBC, 2013-2014.

Shock, Susy. *Poemario Trans Pirado*, Buenos Aires, Ediciones Nuevos Tiempos, 2011.

Fuentes secundarias:

Agamben, G. *Homo Saccer 1*, Valencia, Pre-Textos, 1998.

Alfaro Vargas, Roy. "Capitalismo Zombie*. Contribución a la crítica del último capitalismo", en: *TELOS. Revista de Estudios Interdisciplinarios en Ciencias Sociales*, Universidad Rafael Belloso Chacín, 13 (2011): 285 – 296.

Balibar, E . *Violencias, identidades y civilidad*, Barcelona, Gedisa, 1995.

Bauman, Z. *En búsqueda de la política*, Buenos Aires, Fondo de Cultura Económica, 2001.

Bang Larsen, L. "Zombis del trabajo inmaterial: el monstruo moderno y la muerte de la muerte". En: *e-flux journal*, No. 15, abril, (2011):131 y ss.

rca, Juan Manuel. "Nueva tribu de alto riesgo: 'ojos zombies' y lengua de víbora", en: *Clarín.com, Sociedad*, 25 de junio de 2016. Disponible en: http://www.clarin.com/sociedad/Nueva-riesgo-zombies-lengua-vibora_0_1601240008.html

ck, Ulrich. *Libertad o capitalism*. Barcelona: Paidós, 2002.

ick Morss, Susan. *Hegel y Haití*, Buenos Aires, Norma, 2005.

irger, Peter y Christa Burger. *La desaparición del sujeto Una historia de la subjetividad de Montaigne a Blanchot*, Madrid, Akal, 2001.

njamin, W. "Experiencia y pobreza", en *Discursos interrumpidos*, Buenos Aires, Planeta Argentina, 1931.

. *El Paris del Segundo Imperio en Baudelaire*. (1938) En *Iluminaciones II. Poesía y capitalismo*, Madrid, Taurus, 1972.

anco, Fernando A. y Juan Poblete [Eds.]. *Desdén al infortunio. Sujeto, comunicación y público en la narrativa de Pedro Lemebel*. Santiago de Chile, Editorial Cuarto Propio, 2010.

owne Sartori, Rodrigo. "Comunicación intercultural, antropofagia y la canibalización de Calibán en América Latina". En IC Revista Científica de Información y Comunicación 2009, N° 6 [24]. Disponible en: https://idus.us.es/xmlui/handle/11441/33430

ittler, Judith. *El género en disputa. El feminismo y la subversión de la identidad*, Barcelona, Editorial Paidós, 1999.

. *Cuerpos que importan, sobre los límites materiales y discursivos del sexo*, Buenos Aires, Editorial Paidós, 2002.

. *Vida precaria. El poder del duelo y la violencia*. Buenos Aires, Editorial Paidós, 2004.

---. "Performatividad, precariedad y políticas sexuales", en: *Revista de Antropología Iberoamericana*, Volumen 4, Número 3. Septiembre-Diciembre, (2009): 321-336.

Madrid: Antropólogos Iberoamericanos en Red

Pascal Bruckner y Alain Finkielkraukt. "Órganos sin cuerpo", en: Flavia Puppo [Comp.] *Mercado de deseos. Una introducción a los géneros del sexo*, Buenos Aires, la marca editora, Colección cuadernillo de géneros, 1998.

Calabrese, Omar. *La era neobarroca*, Madrid, Cátedra, 1987.

Cardoso, Ciro y Pérez Brignoli, Héctor. *Historia económica de América Latina*, Barcelona, Crítica, Vol. 2, (1979): 23.

Cavarero, Adriana. *Horrismo. Nombrando la violencia contemporánea*. México, UAM, Ed. Anthropos, 2009.

Chul Han, Byung. *La Sociedad del Cansancio*, Barcelona, Herder Editorial, 2010.

---. *La agonía del Eros*, Barcelona, Herder Editorial, 2012.

Citro, S. y otros. *Cuerpos plurales, Antropología de y desde los cuerpos*, Buenos Aires, Biblos, 2010.

---. *Cuerpos y corporalidades en las culturas de las Américas*, Buenos Aires, Biblos, 2015.

Corbin A., Courtine J. J. y Vigarello, G. *Historia del cuerpo. Las mutaciones de la mirada. El siglo XX*. Vol III, Madrid, Taurus, 2006.

Csordas, Thomas. "Embodiment: agencia, diferencia sexual y padecimiento" (2009), en: S. Citro y otros. *Cuerpos y corporalidades en las culturas de las Américas*, Buenos Aires, Biblos, 2015.

Culler, J. *Sobre la deconstrucción*, Madrid, Cátedra, 1982.

De Certeau, M. "Historias de cuerpos". En: Vigarello, G. "Histoires des corps: entretien avec Michel de Certeau", Esprit, 2, (1982): 179-90.

De Laurentis, Teresa. "Tecnología de género", en: *Technologies of Gender, Essays on Theory, Film and Fiction*, London, Macmillan Press, 1989.

Deleuze, G. & Guattari, F.. *L'Anti-Oedipe*, Paris, Les Editions de Minuit, 1972.

Deleuze, G. "La inmanencia: una vida". En: Revista *Philosophie* Nro 47, Minuit París, 1995, el 1 de septiembre (Trad. Consuelo Pabon).

Derrida, Jacques. *La ley del género, Glyph 7*. Traducción Jorge Panesi, 1980. Consultado el 10 de noviembre de 2012 en: http://es.scribd.com/doc/102170682/Derrida-Jacques-La-leydel-genero

Edelman, L. *No al futuro. La teoría Queer y la pulsión de muerte*, Madrid, Egales, 2004.

Esposito, R. *Communitas. Origen y destino de la comunidad*, Buenos Aires, Amorrortu Editores, 1998.

---. *Bíos*, Buenos Aires, Amorrortu Editores, 2004.

---. *El dispositivo de la persona*, Buenos Aires, Amorrortu, 2011.

Fernández Gonzálo, J. *Filosofía zombi*, Barcelona, Anagrama, Trivillus, 2011.

Fischer Pfaeffle, Amalia E. " Devenires, cuerpos sin órganos, lógica difusa e intersexuales", en: Diana Maffía [comp.]. *Sexualidades migrantes*, Buenos Aires, Librería de mujeres editoras, 2009.

Foucault, M. *El nacimiento de la clínica*. México, Editorial Siglo XXI, 1953.

---. *Vigilar y castigar*, Buenos Aires, Siglo XXI Editores, 1976a.

---. *Genealogía del racismo*, La Plata, Editorial Altamira, 1976b.

---. *Historia de la sexualidad*, I, La voluntad de saber, Buenos Aires, Siglo XXI, 1976c.

---. *Tecnologías del yo*, Buenos Aires, Editorial Paidós, 1981.

---. *El cuerpo utópico. Las heterotopías*, Buenos Aires, Nueva Visión, 1994.

---. *Los anormales*, Buenos Aires, Fondo de Cultura Económica, 1999.

Fuss, D. *Essentially Speaking*, Londres, Routledge, 1989.

Genette, G. "Géneros, tipos y modos", en Garrido Gallardo, M. A. *Teoría de los géneros*, Madrid, Arco Libros, 1979

---. *Palimpsesto. Literatura de segundo grado*, Madrid, Cátedra, 1984.

Giberti E. "Transgéneros. Síntesis y aperturas". En: *Sexualidades migrantes, Género y transgénero*, Buenos Aires, Feminario Editora y Librería de Mujeres Editoras, 2009.

Groy, B. "La Topología del arte contemporáneo", en : AAVV. *Antinomies of Art and Culture. Modernity, Postmodernity, Contemporaneity*. Duke University Press, (2008): 71-80.

---. *Volverse público*, Buenos Aires, Caja Negra Editora, 2014.

Haraway, Donna. "A Cyborg Manifesto: Science, Technology, and Socialist-Feminism in the Late Twentieth Century" in *Simians, Cyborgs and Women: The Reinvention of Nature*, New York, Routledge, 1991. 149-181. Traducción: Manuel Talens.

Harman, Chris. *Zombie Capitalism. Global Crisis and the Relevance of Marx.* UK: Bookmarks Publications, 2009.

Hayles, C. *How we became posthuman. Virtual bodies in cybernetics, literatureandiInformatics.* Chicago-London, The University of Chicago Press, 1999.

Hurbon, Laënnec. *El bárbaro imaginario*, México, Fondo de Cultura Económica, 1987.

Jameson, Friedric. *Documento de cultura, documento de barbarie*, Madrid, Visor, 1989.

Kristeva, J. *Poderes del Horror*, Madrid, Editorial Siglo XXI, 1980 (trad. Nicolás Rosa).

Laddaga, R. *Estética de laboratorio*, Buenos Aires, Adriana Hidalgo Editora, 2010.

Le Breton, David. *Antropología del cuerpo y modernidad*, Buenos Aires, Nueva Visión, 1990.

Le Goff, Jacques & Nicolás Truong. *Una historia del cuerpo en la Edad Media*, París, Editor digital Titivillus, ePub base r1.2, 2005.

Levinas, E. *Quelques réflexions sur la philosophie de l'hitlérisme*, Paris, Éditions Payot & Rivages, 1997.

Longoni, Ana. *Traiciones. La figura del traidor en los relatos acerca de los sobrevivientes de la represión*, Buenos Aires, Norma Editora, 2007.

Loreti, Nicanor. *Cult people*, Madrid, Ediciones FAN, 2009.

Maffía, Diana. *Sexualidades migrantes, Género y transgénero*, Buenos Aires, Feminaria Editora y Librería Mujeres Editoras, 2003.

Martínez Lucena, Jorge. "Hermenéutica de la narrativa del no muerto", en : *Pensamiento y cultura*, vol. 11.12, Diciembre, (2008):237-261.

---. *Vampiros y zombis posmodernos. La revolución de los hijos de la muerte.* Barcelona, Gedisa, 2010.

---. *Ensayo Z. Una antropología de la carne perecedera*, Barcelona, Berenice, 2011.

Martínez Lucena & Barraycoa Martínez. "Los zombis y el totalitarismo: de Hannah Arendt a la teoría de los imaginarios", en: *Imagonautas. Revista interdisciplinaria sobre imaginarios sociales* 2 (2), Universidad de Vigo, (2012): 97-118.

Martins, H. *Hegel, Texas e outros ensaios de teoría social*, Lisboa, Século, XXI, 1996.

Miller, J.A. *La extimidad*, Buenos Aires, Paidós, 2010.

Merleau Ponty, M. *Fenomenología de la percepción*, Barcelona, Planeta-Agostini, 1962.

---. *Le visible et l'invisible*, Paris, Gallimard, 1964.

Metraux, Alfred. *Le Vaudou haïtien*, Paris, Gallimard, 1958.

Montes, Alicia. "Sujeto y narración en la utopía Copi", en Revista Mora N° 16, Diciembre, Instituto Interdisciplinario de Estudios de Género (IIEGE). Facultad de Filosofía y Letras, Universidad de Buenos Aires, (2010):125-139. También disponible en: http://www.scielo.org.ar/

---. *Políticas y estéticas de representación de la experiencia urbana en la crónica contemporánea*, Buenos Aires, Corregidor Editora, 2013.

Moretti, G. "Dialéctica del miedo", en: New Left Review, 136, Nov.-Dec., (1982): 67-85.

Nancy, J.L. *Corpus*, Madrid, Arena Libros, 2000.

O'Bannon, Dan (dir.) *El regreso de los muertos vivos*. Hemdale Film Corporation / Fox Films, 1985.

Ostrov, A. *El género al bies*, Córdoba, Ediciones Alción, Córdoba, 2004.

Pecheny, M. y otros . *Todo sexo es político, Estudios sobre sexualidades en Argentina*, Buenos Aires, Libros del Zorzal, 2008.

Preciado, P. "Multitudes Queer: notes pour une politique des anormaux", originalmente publicado en MULTITUDES, Revue politique, artistique, philosophique. Trimestriel, Vol. 12, 2008; http://multitudes.samizdat.net/Multitudes-queer

Quiggin, John. *Zombi economics*, New Jersey, Princeton UP, 2010.

Rancière, Jacques. *El desacuerdo. Política y filosofía*, Buenos Aires, Nueva Visión, 1996.

---. *La palabra muda*, Buenos Aires, Eterna Cadencia, 1998.

---. *El malestar de la estética*, Buenos Aires, Capital Intelectual, 2004.

---. *Política de la literatura*, Buenos Aires, Libros del Zorzal, 2007.

---. *El espectador emancipado*, Buenos Aires, Manantial, 2008

---. *Figuras de la historia*. Buenos Aires, Buenos Aires, Eterna Cadencia, 2012.

Ricoeur, Paul. *La memoria, la historia, el olvido*, México, FCE, 2000.

Robertson, R. «Glocalización: tiempo-espacio y homogeneidad-heterogeneidad». *Cansancio del Leviatán : problemas políticos de la mundialización.* Madrid: Trotta, 2003.

Serrano Cueto, José Manuel. *Zombi evolution, El libro de los muertos vivientes en el cine* Málaga,T&B Editores, 2009.

Shaeffer, Jean Marie. "De texto al género. Notas sobre la problemática genérica": en Garrido Gallardo, M.A. (erca..), Teoría de los géneros literarios, Madrid, Arco Libros, 1985.

---. *Arte, objetos, ficción, cuerpo,* Buenos Aires, Biblos, 2013.

Segato, Rita. *Las estructuras elementales de la violencia,* Buenos Aires, Universidad de Quilmes Editorial, Prometeo, 2003.

---. *La escritura en el cuerpo de las mujeres asesinadas en Ciudad Juárez,* Buenos Aires, Ediciones Tinta y Limón, 2013.

Sibilia, P. *El hombre postorgánico, Cuerpo, subjetividad y tecnologías digitales,* Buenos Aires, Fondo de Cultura Económica, 2005.

---. "Cirujanos plásticos", Buenos Aires, Facultad de Ciências Sociales (UBA), *Sociedad,* n. 25, Noviembre, (2006):131-142.

---. "Pureza y sacrificio. Nuevos ascetismos por el cuerpo perfecto". En: *Revista Artefacto,* N°6, 2007. Url.: http://issuu.com/revista-artefacto/docs/a6b2 Peter Sloterdijk (1989) *Crítica de la razón cínica,* Madrid, Taurus.

Soley-Beltán, P. "Transexualidad y Transgénero: una perspectiva bioética". En: *Revista de Bioética y Derecho,* núm. 30, enero, (2009):21-39.

Todorov, Tzvetan. *Los géneros del discurso.* Caracas: Monte Ávila Editores Latinoamericana, 1978.

Vigarello, G. *Historia de la belleza. El cuerpo y el arte de embellecer desde el Renacimiento hasta nuestros días*, Buenos Aires, Nueva Visión, 2004.

---. *Corregir el cuerpo. Historia del poder pedagógico*. Buenos Aires, Nueva Visión, 2001.

Stone, Sandy. "El imperio contraataca. Un manifiesto postransexual.", *1991*. http://pendientedemigracion.ucm.es/info/rqtr/biblioteca/Transexualidad/EL%20IMPERIO%20CONTRAATACA%20Un%20manifiesto%20posttransexual.pdf

Wentzel, M. "Ser herida y cuchillo. Reflexiones sobe la modificación corporal extrema en las modern primitives". En: Citro, S. [coord.], *Cuerpos plurales*, Buenos Aires, Biblos, 2010.

Zizek, Slavoj. *Ideología. Un mapa de la cuestión*, México, FCE, 1994.

Argus-*a*

Artes y Humanidades / Arts and Humanities

Los Ángeles – Buenos Aires

2017

www.ingramcontent.com/pod-product-compliance
Lightning Source LLC
Chambersburg PA
CBHW020658220526
45464CB00001B/489